Stand up to GCSE Spanish vocab with CGP!

There's a lot of vocab in GCSE Spanish, that's for sure —
if you're after a top grade, you'll just have to sit down and learn it.

Actually, you don't have to sit down. But whichever position you choose,
this pocket-sized CGP book is a brilliant way to do the learning.

It's packed with all the key words you'll need for every topic, plus handy
tick boxes to help you keep track of your progress. ¡Fantástico!

CGP — still the best! ☺

Our sole aim here at CGP is to produce the highest quality books —
carefully written, immaculately presented and dangerously close to being funny.

Then we work our socks off to get them out to you
— at the cheapest possible prices.

Contents

Section 1 — General

Colours 1
Common and Useful Words 1
Comparing Things 4
Conjunctions 4
Days, Months and Seasons 5
Greetings and Exclamations 6
Materials 7
Negatives 8
Numbers 8
Opinions 9
Parts of the Body 11
Prepositions 12
Questions 13
Right and Wrong 13
Shapes, Weights and Measures 14
Time Expressions 15
Abbreviations 17

Section 2 — Identity & Culture

Animals 18
Clothes 18
Daily Routine 20
Describing People 21
Eating Out 23
Family 24
Fruit and Veg 25
Going Out 26
Leisure 27
Media 29
Music 31
Personal Information 32
Personalities 33
Relationships 35
Shopping 37
Sport 39
Technology 41
Things to Drink 43
Things to Eat 43

Contents

Section 3 — Local, National, International & Global Areas of Interest

Accommodation 46
Buildings 46
City, Town and Village 48
Environment 49
Furniture 51
Health 51
Holidays and Festivals 54
In the Home 55
Location and Distance 57
Nature 58
Places 58
Social Issues 60
Tourism 62
Transport 63
Travel 65
Weather 67

Section 4 — Current & Future Study & Employment

Future Plans 69
Jobs 70
School Equipment 72
School Life 73
School Rules 76
School Subjects 77
School Types and Buildings 78
World of Work 78

Published by CGP

Editors:
Rose Jones
Hannah Roscoe
Matt Topping

With thanks to Chloe Anderson and Claire Boulter for the proofreading.
With thanks to Jan Greenway for the copyright research.

ISBN: 978 1 78294 863 6

Printed by Elanders Ltd, Newcastle upon Tyne.

Clipart from Corel®

Based on the classic CGP style created by Richard Parsons.

Text, design, layout and original illustrations © Coordination Group Publications Ltd. (CGP) 2018

All rights reserved.

Photocopying this book is not permitted, even if you have a CLA licence.
Extra copies are available from CGP with next day delivery • 0800 1712 712 • www.cgpbooks.co.uk

Section 1 — General

Colours

amarillo	*yellow*	negro	*black*
azul	*blue*	oscuro	*dark*
blanco	*white*	rojo	*red*
claro	*pale, light*	rosa	*pink*
el color	*colour*	rosado	*rosy, pink*
gris	*grey*	verde	*green*
marrón	*brown*	violeta	*violet*
morado	*purple*	vivo	*bright*
naranja	*orange*		

Common and Useful Words

abierto	*open*	atrás	*back, backwards*
acabar	*to finish*	aún	*still, yet*
afortunadamente *Also* por suerte	*fortunately*	brillante	*shining*
		buscado	*sought-after*
afuera	*outside*	cada	*each*
ahí	*there (close to person being addressed)*	cansado	*tired*
		la causa	*cause, reason*
alguien	*someone, somebody*	causar	*to cause*
		cerrado	*closed, shut*
alguno	*some, any*	claro	*clear, of course*
allí *Also* allá	*there, over there*	¿Cómo se escribe?	*How do you spell it?*
amar	*to love*	completamente	*completely*
aquí lo tienes	*here you are*	completo	*complete*
el artículo	*article, thing*		

comprender	to understand, to comprehend	investigar	to research
con cuidado	carefully	ir a hacer algo	to be going to do something
la cosa	thing	lamentar	to be sorry
dar las gracias	to thank	llamar a la puerta	to knock at the door
darse cuenta	to realise	lleno	full
de gran valor	valuable	lo primero de todo	first of all
de hecho	in fact	local	local
deber	to have to, must	la manera	way
dejar	to leave, to let	marcharse	to leave
depender	to depend	mío	mine
desgraciadamente	unfortunately	mucho	a lot
duro	hard	muy	very
en mi opinión	in my opinion	no importa nada	it doesn't matter
entusiasmado	excited	o *Also* u	or
eso	that	el objeto	object
estar	to be	ocupado	busy, occupied
estar a punto de hacer	to be about to do	ocurrir	to occur
estar equivocado	to be mistaken	otro	other, another
esto	this	¿para qué?	what for?
estoy bien	I'm fine	el permiso	permission
el exterior	outside	por	for, because of, per, by
flexible	flexible	prohibido	forbidden, not allowed
la frase	sentence	querer decir	to mean
global	global	quisiera	I would like
gran	great	quizás *Also* quizá *Also* tal vez	perhaps
gratis	free (no charge)		
hay	there is		
hay que	one has to		
he tenido bastante	I've had enough		
imaginar	to imagine	rápidamente	quickly
informar	to inform	rápido	quick, fast
internacional	international	el resto	rest (remainder)

Section 1 — General

seguro	certain(ly), sure, definite(ly)	tener cuidado	to be careful
ser	to be	tener ganas de	to be keen to
ser capaz de	to be able to	tenga	there you go (formal)
si	if	todo el mundo	everybody
siempre	always	todo lo mejor	all the best
significar	to mean	todos	everybody
sobre todo	particularly, above all	un poco	a little
solamente *Also* solo	only	unos	some, a few, approximately
sonar	to ring	usualmente	usually
superior	top, superior	vale la pena ver *Also* merece la pena ver	it's worth seeing
tampoco	not…either, neither	volver a hacer algo	to do something again
ten	there you go (informal)	volverse	to become

Higher only:

la casualidad	chance	experimentar	to experience
la consecuencia	consequence	inmediato	immediate
cuyo	whose	o…o	either…or
de verdad	indeed, really	por casualidad	by chance, by coincidence
los demás	everything else, everybody else	presentarse	to introduce oneself
en efectivo	in cash	sobrevivir	to survive
en total	altogether		

Section 1 — General

Comparing Things

bastante	*quite, fairly, enough*	el mejor	*best*
bien	*well*	menos	*less*
bueno	*good*	mismo	*same*
como	*as, like*	mucho	*much, a lot (of)*
comparar	*to compare*	muchos	*a lot of, many*
demasiado	*too (much)*	peor	*worse*
la desventaja	*disadvantage*	el peor	*worst*
igual que	*same as*	pequeño	*small*
mal	*badly*	pocos	*few*
malo	*bad*	tan…como	*as…as*
más	*more*	tanto	*so much*
mejor	*better*	tantos	*so many*

Higher only:

igualmente	*equally*	parecido *Also* semejante	*similar*

Conjunctions

a causa de	*because (of)*	aunque	*although, even though, even if*
a pesar de	*despite*		
además de	*besides, apart from*	cuando	*when*
		dado que	*given that*
aparte de	*apart from*	desde	*since*
así	*so, therefore*	después *Also* entonces	*then*
aun (si)	*even (if)*		
		es decir	*that's to say*

Section 1 — General

incluso	*even*	por un lado	*on the one hand*
mientras	*while*	Also por una parte	
no obstante	*however, nevertheless*	porque	*because*
		pues	*well, then*
pero	*but*	si no	*otherwise*
Also mas		sin embargo	*nevertheless, however*
por ejemplo	*for example*		
por eso	*therefore, so*	sino	*but (after negative)*
Also por esto			
por lo menos	*at least*	también	*also*
por lo tanto	*therefore*	tan	*so*
por otro lado	*on the other hand*	y	*and*
Also por otra parte		Also e	
		ya que	*since*

Higher only:

aun así	*even so*	puesto que	*since, because*
en cuanto	*as soon as*	total	*so, after all*
por consiguiente	*as a result, consequently*		

Days, Months and Seasons

el lunes	*Monday*	febrero	*February*
el martes	*Tuesday*	marzo	*March*
el miércoles	*Wednesday*	abril	*April*
el jueves	*Thursday*	mayo	*May*
el viernes	*Friday*	junio	*June*
el sábado	*Saturday*	julio	*July*
el domingo	*Sunday*	agosto	*August*
enero	*January*	septiembre	*September*

Section 1 — General

octubre	*October*	el verano	*summer*
noviembre	*November*	el otoño	*autumn*
diciembre	*December*	el invierno	*winter*
la primavera	*spring*		

Greetings and Exclamations

adiós	*good-bye*	¡Felices Pascuas!	*Happy Easter!*
¡Basta ya!	*That's enough!*	¡Felices vacaciones!	*Have a nice holiday!*
¡Bienvenido!	*Welcome!*		
¡Buen provecho!	*Enjoy your meal!*	¡Felicidades! Also ¡Felicitaciones! Also ¡Enhorabuena!	*Congratulations!*
¡Buen viaje!	*Have a good trip!*		
¡Buena suerte!	*Good luck!*	¡Feliz Año Nuevo!	*Happy New Year!*
buenas noches	*good night*	¡Feliz cumpleaños!	*Happy Birthday!*
buenas tardes	*good afternoon, good evening*	¡Feliz Navidad!	*Happy Christmas!*
buenos días	*good day, hello*	¡Feliz santo!	*Happy saint's day!*
con mucho gusto	*gladly*		
con mucho placer	*with great pleasure*	gracias	*thank you*
		hasta el lunes	*see you on Monday*
¿Con permiso?	*May I?*	hasta la vista	*see you*
de nada	*you're welcome, it's nothing*	hasta luego	*see you later*
¿Diga? Also ¿Dígame?	*Yes? (answering the phone)*	hasta mañana	*see you tomorrow, till tomorrow*
¡Disculpe!	*Sorry!*		
encantado Also mucho gusto	*pleased to meet you*	hasta pronto	*see you soon*
		hola	*hello*
¡Felices fiestas!	*Season's Greetings! Happy Christmas!*	Le saluda Also Atentamente	*Yours faithfully, Yours sincerely*
		muchas gracias	*thank you very much*

Section 1 — General

¡Oiga!	Listen! (formal)	¡Que lo pases bien!	Have a good time!
¡Ojo!	Look out!		
¡Oye!	Listen! (informal)	¡Qué pena! *Also* ¡Qué lástima!	What a pity!
perdón	sorry, pardon		
perdone	excuse me	¡Qué te diviertas!	Have fun!
por favor	please	¡Qué va!	No way!
por supuesto *Also* desde luego	of course	¡Salud!	Cheers!
		saludar	to greet
¡Qué...!	How...!	saludos	greetings
¡Que aproveche!	Enjoy your meal!	señoras	ladies
¡Qué asco!	How disgusting! How revolting!	señores	gentlemen
		sí	yes
¡Qué bien!	Good! Great!	¡Socorro!	Help!
¡Qué horror!	How awful!	vale	OK, agreed

Materials

el algodón	cotton	el oro	gold
el cartón	cardboard	el papel	paper
la cerámica	pottery	la piedra	stone
el cristal	crystal, glass	el plástico	plastic
el cuero	leather	la plata	silver
el ladrillo	brick	el plomo	lead
la lana	wool	la seda	silk
de lino *Also* de hilo	made of linen	la tela	material, fabric
		el vidrio	glass
la madera	wood		

Higher only:

la roca	rock	el terciopelo	velvet

Section 1 — General

Negatives

jamás	*never*	ninguno	*neither, not one, not any*
Also nunca			
nada	*nothing*	no	*no, not*
nadie	*no-one, nobody*	todavía no	*not yet*
ni…ni	*neither…nor*	ya no	*not… any more*

Numbers

cero	*zero*	diecinueve	*nineteen*
uno	*one*	veinte	*twenty*
dos	*two*	treinta	*thirty*
tres	*three*	cuarenta	*forty*
cuatro	*four*	cincuenta	*fifty*
cinco	*five*	sesenta	*sixty*
seis	*six*	setenta	*seventy*
siete	*seven*	ochenta	*eighty*
ocho	*eight*	noventa	*ninety*
nueve	*nine*	cien	*hundred*
diez	*ten*	*Also* ciento	
once	*eleven*	mil	*thousand*
doce	*twelve*	el millón	*million*
trece	*thirteen*	primero	*first*
catorce	*fourteen*	segundo	*second*
quince	*fifteen*	tercero	*third*
dieciséis	*sixteen*	cuarto	*fourth*
diecisiete	*seventeen*	quinto	*fifth*
dieciocho	*eighteen*	sexto	*sixth*

Section 1 — General

séptimo	seventh	el mínimo	minimum
octavo	eighth	negativo	negative
noveno	ninth	el número	number
décimo	tenth	numeroso	numerous
ambos	both	por ciento	per cent
añadir	to add	positivo	positive
la cifra	figure (number)	todo	all
la docena	dozen	varios	several
el máximo	maximum		

Opinions

aburrido	boring	débil	weak
aceptable	acceptable	decepcionante	disappointing
acordar Also estar de acuerdo	to agree	decepcionar	to disappoint
		el defecto	fault, flaw, defect
adorar	to adore	depende	it depends
agradable	pleasant, enjoyable	desafortunadamente	unfortunately
		desagradable	unpleasant, horrible
alegrar	to cheer up		
alegrarse	to be glad, to be pleased	desear	to wish (for)
		desgraciado	unfortunate
andar bien	to go well	detestar	to hate, to detest
la calidad	quality	la diferencia	difference
caro	dear, expensive	diferente Also distinto	different
cómico Also gracioso	funny		
		difícil	difficult
creer	to believe, to think	disfrutar	to enjoy
		el dolor	pain
dar igual	to make no difference	emocionante	exciting
de acuerdo	okay, agreed	especial	special

Section 1 — General

esperar	to hope, to wait	me da igual	I don't mind
espléndido	splendid	Also no me importa	
estar a favor	to be in favour	me encanta	I love
estar en contra	to be against	me gusta	I like
estar harto de	to be fed up of	moderno	modern
estupendo	great, terrific	no importa	it doesn't matter
estúpido	stupid	nuevo	new
Also tonto		odiar	to hate
excelente	excellent	opinar	to think, to believe
extraordinario	extraordinary		
fácil	easy	optimista	optimistic
fantástico	fantastic	parecer	to seem
fascinante	fascinating	la pena	sadness, pity
fastidiar	to bother, to spoil	pensar	to think
fatal	awful	perfectamente	perfectly
favorito	favourite	pesimista	pessimistic
fenomenal	fantastic, wonderful	ponerse de acuerdo	to agree
		por lo general	in general
formidable	fantastic	práctico	practical
generalmente	generally	la preferencia	preference
genial	brilliant	el preferido	favourite
grave	serious	preferir	to prefer
guay	cool	preocupado	worried
horrible	horrible	quedar en	to agree to
horroroso	horrific, terrifying	la queja	complaint
impresionante	impressive	quejarse	to complain
incómodo	uncomfortable	querer	to want, to love
increíble	incredible	querido	dear (person)
interesante	interesting	ridículo	ridiculous
interesarse por	to be interested in	satisfecho	satisfied
		sencillo	simple
inútil	useless	sensacional	sensational
magnífico	magnificent	serio	serious
maravilloso	marvellous	sobresaliente	outstanding, significant

Section 1 — General

sorprendido	*surprised*	útil	*useful*
la sorpresa	*surprise*	valer la pena	*to be worth it*
súper	*fantastic, super*	variable	*variable*
tener suerte	*to be lucky*		

Higher only:

aguantar	*to bear, to support*	hábil	*clever, skilful*
		la mejora	*improvement*
contrario	*opposite, conflicting*	precioso	*lovely*
enojar	*to annoy*		

Parts of the Body

la boca	*mouth*	la lengua	*tongue*
el brazo	*arm*	la mano	*hand*
la cabeza	*head*	la nariz	*nose*
la cara	*face*	el ojo	*eye*
el corazón	*heart*	la oreja	*ear*
el cuello	*neck*	el pelo	*hair*
el cuerpo	*body*	el pie	*foot*
el dedo	*finger*	la piel	*skin*
el diente	*tooth*	la pierna	*leg*
la espalda	*back*	los pulmones	*lungs*
el estómago	*stomach*	la rodilla	*knee*
la garganta	*throat*	la voz	*voice*
el hombro	*shoulder*		

Higher only:

el cerebro	*brain*	el dedo del pie	*toe*
el codo	*elbow*	el hígado	*liver*

Section 1 — General

el hueso	bone	la sangre	blood
la muñeca	wrist	la sonrisa	smile
el pecho	chest	el tobillo	ankle

Prepositions

a	to, at	delante	ahead, in front
a fines de	at the end of	detrás de	behind
a mediados de	midway through, halfway through	en	in
		en medio de	in the middle of
adentro Also dentro de	inside	encima de	on top of
		enfrente de	opposite, in front
al fondo de	at the bottom of	entre	between
al lado de	next to	fuera	outside
alrededor	around	para	for, in order to
con	with	salvo Also excepto	apart from, except
contra	against		
de	of, from	según	according to
debajo de	underneath	sin	without

Higher only:

a orillas de	alongside	en vez de	instead of

Section 1 — General

Questions

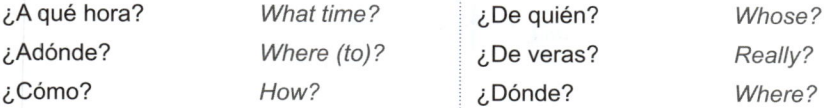

¿A qué hora?	What time?	¿De quién?	Whose?
¿Adónde?	Where (to)?	¿De veras?	Really?
¿Cómo?	How?	¿Dónde?	Where?
¿Cómo estás? Also ¿Qué tal?	How are you?	¿Para cuánto tiempo? Also ¿Por cuánto tiempo?	For how long?
¿Cuál?	Which?		
¿Cuándo?	When?	¿Por dónde?	Through where?
¿Cuánto?	How much?	¿Por qué?	Why?
¿Cuánto cuesta?	How much does it cost?	¿Qué?	What?
		¿Qué día?	What day?
¿Cuánto es?	How much is it?	¿Qué fecha?	What date?
¿Cuánto vale?	How much is it worth?	¿Qué hay? Also ¿Qué pasa?	What's happening?
¿Cuántos?	How many?	¿Qué hora es?	What time is it?
¿Cuántos años tienes?	How old are you?	¿Quién?	Who?
¿De dónde?	Where (from)?	¿Verdad?	Isn't it? Doesn't it? Aren't they? etc.
¿De qué color?	What colour?		

Right and Wrong

cierto	true, certain	fallar	to fail, to go wrong
correcto	correct		
corregir	to correct	falso	false, fake
equivocado	wrong, mistaken	hacer falta	to be needed, to be required
equivocarse	to be wrong, to make a mistake	el hecho	fact
		importar	to matter
el error	mistake	incorrecto	incorrect

Section 1 — General

necesario	*necessary*	el resumen	*summary*
perfecto	*perfect*	sin duda	*without doubt, no doubt*
la razón	*reason*		
realmente	*really, in fact*	suficiente	*sufficient*
		tener razón	*to be right*

Higher only:

exactamente	*exactly*	exacto	*exact, precise*

Shapes, Weights and Measures

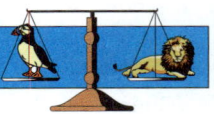

la altura	*height*	la lata	*tin, can*
amplio	*broad, wide*	el litro	*litre*
el ancho	*width*	la loncha	*slice (e.g. ham, cheese)*
aproximadamente	*approximately*		
bastar	*to be enough*	mediano	*medium, average*
la botella	*bottle*	la medida	*measurement*
la cantidad	*quantity*	el medio	*half, middle*
el centímetro	*centimetre*	medir	*to measure*
el contenedor	*container*	el metro	*metre*
corto	*short*	la mitad	*half*
el cuadrado	*square*	el paquete	*packet*
delgado	*thin*	la parte	*part (portion)*
doble	*double*	pesado	*heavy*
el envase	*tin, box, can*	pesar	*to weigh*
estrecho	*narrow*	poco	*little*
la forma	*shape*	la porción	*portion*
el gramo	*gram*	la rebanada	*slice (of bread)*
grande	*big*	redondo	*round*
el kilo	*kilo*	la talla	*size, height*
		el tamaño	*size*

Section 1 — General

el tarro	jar, pot	un tercio de	a third of
el trozo	piece, bit		
Also el pedazo			

Time Expressions

a diario	daily, every day	con antelación	in advance, beforehand
a eso de	about	Also por adelantado	
a la vez	at once, at the same time	cuanto antes	as soon as possible
Also al mismo tiempo		el cuarto	quarter
a menudo	often	de momento	at the moment
a partir de	from (with time expressions)	de nuevo	once again
a tiempo	on time	de repente	suddenly
ahora	now	de vez en cuando	from time to time
ahora mismo	right now	dentro de... días	within... days
al comienzo	at the start	dentro de poco	in a short while
al día siguiente	the following day	desde hace	since
al principio	at the beginning	después de	after
algunas veces	sometimes	el día	day
Also a veces		durante	during
el año	year	durar	to last
el año pasado	last year	en punto	on the dot, sharp
anoche	last night	enseguida	at once
anteayer	day before yesterday	esta noche	tonight
		la estación	season
antes (de)	before	la fecha	date
ayer	yesterday	el fin	end
cada día	every day	el fin de semana	weekend
cada... días	every... days	finalmente	finally, at last
casi	almost	frecuente	frequent
cerca de	near to, nearly, around	frecuentemente	frequently

Section 1 — General

hace...	...ago
hasta	until
la hora	hour
hoy	today
luego	then, next, later
los lunes	on Mondays
mañana	tomorrow
la mañana	morning
la media hora	half hour
la medianoche	midnight
el mediodía	midday
menos cuarto	quarter to
menos diez	ten to
mensual	monthly
el mes	month
el mes que viene	next month
mientras tanto	meanwhile
el minuto	minute
el momento	moment
mucho tiempo	a long time
la noche	night
normalmente	usually
otra vez	again
el pasado	past
pasado mañana	the day after tomorrow
pasar	to spend (time)
permanente	permanent
pocas veces	seldom
por año	per year
por fin	at last
por la mañana	in the morning
por la noche	at night
por la tarde	in the afternoon, in the evening
el presente	present (here and now)
pronto	soon
próximo	next
puntual	punctual
quince días	fortnight
la quincena	fortnight
raramente	rarely
el rato	period of time, while
recientemente Also últimamente	recently
el retraso	delay
la semana	week
semanal	weekly
el siglo	century
solo	only
la tarde	afternoon, evening
la temporada	period
temprano	early
todas las semanas	every week
todavía	still
todos los días	every day
último	last
la vez	time
una vez	once
una vez más	once more, one more time
y cuarto	quarter past
ya	already, right now

Section 1 — General

Abbreviations

Avda (Avenida)	*Avenue*	el IVA (impuesto sobre el valor añadido)	*VAT*
el AVE (alta velocidad española)	*high-speed train*	la RENFE (red nacional de los ferrocarriles españoles)	*Spanish rail service*
el CES (colegio de enseñanza secundaria)	*secondary school*	Sr (señor)	*Mr*
Dr (doctor) *Also* Dra (doctora)	*Dr*	Sra (señora)	*Mrs*
		Srta (señorita)	*Miss*
		Sta (santa)	*Saint*
EEUU (Estados Unidos)	*United States*	el TALGO (tren articulado ligero Goicoechea Oriol)	*express train*

Higher only:

el DNI (documento nacional de identidad)	*ID card*	la RNE (radio nacional de España)	*Spanish national radio*
la ESO (educación secundaria obligatoria)	*compulsory secondary education*	la RTVE (radiotelevisión española)	*Spanish radio and television corporation*
la ONG (organización no gubernamental)	*NGO (non-governmental organisation)*	la UE (Unión Europea)	*EU*

Section 1 — General

Animals

el animal	animal	el mono	monkey
el animal doméstico Also la mascota	pet	el oso	bear
		la oveja	sheep
el caballo	horse	el pájaro	bird
la cabra	goat	el periquito	budgerigar
el canario	canary	el perro	dog
el cerdo	pig	el pez de colores	goldfish
el conejillo de Indias Also el cobayo Also la cobaya	guinea pig	el pez tropical	tropical fish
		el ratón	mouse
el conejo	rabbit	la serpiente Also la culebra	snake
el gato	cat		
el hámster	hamster	el tigre	tiger
el león	lion	la tortuga	tortoise
		la vaca	cow

Clothes

a la moda	fashionable	el calcetín	sock
el abrigo	coat	los calzoncillos	underpants
el anillo	ring	la camisa	shirt
anticuado Also pasado de moda	old-fashioned	la camiseta	t-shirt
		la camiseta de deporte	sports shirt
la barra de labios	lipstick	el camisón	night dress, nightie
la blusa	blouse		
el bolsillo	pocket	el casco	helmet
las botas	boots	el chándal	tracksuit
las bragas	knickers	la chaqueta	jacket
la bufanda	scarf	el cinturón	belt

Section 2 — Identity & Culture

el collar	necklace	el pantalón	trousers
la corbata	tie	*Also* los pantalones	
de estilo retro	vintage	el pantalón corto	shorts
Also de estilo antiguo		*Also* los pantalones cortos	
de lunares	spotty	el panty	tights
Also a lunares		el par	pair
de moda	fashionable	el paraguas	umbrella
de rayas	stripy	los pendientes	earrings
Also a rayas		el pijama	pyjamas
Also rayado		el polo	polo shirt
de talla mediana	medium size	la pulsera	bracelet
el estilo	style	*Also* el brazalete	
estar de moda	to be in fashion	la ropa	clothes
estar en la onda	to be fashionable	la ropa de deporte	sports kit
la falda	skirt	las sandalias	sandals
las gafas de sol	sun glasses	el sombrero	hat
la gorra	cap	el sostén	bra
los guantes	gloves	*Also* el sujetador	
holgado	loose	la sudadera	sweatshirt
Also suelto		el suéter	sweater
el impermeable	raincoat	el tatuaje	tattoo
el jersey	jumper	te va bien	it suits you
Also el pulóver		*Also* te queda bien	
Also el suéter		el traje	suit
las joyas	jewellery	los vaqueros	jeans
los leggings	leggings	el vestido	dress
Also los leotardos		vestido de	dressed in
ligero	lightweight	las zapatillas	slippers
las medias	stockings	los zapatos	shoes
la moda	fashion		
el número de zapato	shoe size		

Higher only:

ajustado	tight	la bata	dressing gown
Also apretado		la cazadora	leather jacket
Also ceñido			

Section 2 — Identity & Culture

la chaqueta de punto	cardigan	el modelo	model
cortarse el pelo	to have your hair cut	Also la modelo	
		pintarse	to put on make-up
la cremallera	zip		
la limpieza en seco	dry cleaning	la rebeca	cardigan
la mancha	stain	el sombrero de paja	straw hat
el maquillaje	make-up	teñido	dyed

Daily Routine

acabar de	to have just	descansar	to rest, to have a rest
acostarse	to go to bed, to lie down	desnudarse	to get undressed, to undress
afeitarse	to shave		
la agenda	diary	desordenado	untidy
almorzar	to have lunch	despertarse	to wake up
apoyar	to rest, to lean	el diario	diary, newspaper
bañarse	to have a bath, to go for a swim	dormir	to sleep
		dormirse	to fall asleep
cambiarse	to change, to get changed	ducharse	to have a shower
		empezar	to start, to begin
cansado	tired, tiring	fatigado	tired, weary
cansar	to tire	lavar	to wash
cenar	to have dinner	lavarse	to wash, to have a wash
cepillarse	to brush		
el cepillo de dientes	toothbrush	lavarse los dientes	to brush one's teeth
el champú	shampoo		
comenzar	to commence, to start	levantarse	to get up, to stand up
de costumbre	usual	organizar	to organise
de prisa	in a rush	la pasta de dientes	toothpaste
desayunar	to have breakfast	peinarse	to comb one's hair

Section 2 — Identity & Culture

el perfume	perfume	tener sueño	to be sleepy
ponerse	to put on (clothes)	terminar Also acabar	to finish
sacar a pasear el perro	to take the dog out for a walk	terminarse	to finish, to run out
sentarse	to sit down	la toalla	towel
la siesta	siesta, nap	traer	to bring
soler	to be in the habit of	vestirse	to get dressed
		la vida	life
tener prisa	to be in a hurry		

Higher only:

el día laborable	working day, weekday	maquillarse	to put on make-up
diariamente	daily	quedarse en la cama	to have a lie in
disponible	available		

Describing People

el adolescente	teenager	la celebridad	celebrity
alto	tall, high	crecer	to grow (up)
anciano	elderly	cumplir años	to have a birthday
el aspecto	look, appearance	describir	to describe
asqueroso	nasty, filthy	la descripción	description
bajo	short	desempleado	unemployed
barbudo	bearded	elegante	smart
el bigote	moustache	la felicidad	happiness
el cabello	hair	feo	ugly
calvo	bald	flaco	thin
castaño	chestnut, brown		

las gafas	*glasses*	pálido	*pale*
el género *Also* el tipo	*type*	parecerse a	*to look like*
		las pecas	*freckles*
el género	*gender*	pelirrojo	*red-haired*
gordo	*fat, overweight*	el pelo liso *Also* el pelo lacio	*straight hair*
guapo	*good-looking*		
el invitado *Also* la invitada	*guest*	el pensionista *Also* la pensionista	*pensioner*
joven	*young*	el peso	*weight*
largo	*long*	el piercing	*piercing*
liso	*straight (hair)*	reconocer	*to recognise*
llevar	*to wear, to carry*	rizado	*curly*
el mayor	*the oldest*	rubio	*blond, fair*
		similar	*similar*
moreno	*dark (hair or skin)*	sonreír	*to smile*
la muchacha *Also* la moza	*kid (girl)*	sordo	*deaf*
		tener	*to have* *(to possess)*
el muchacho *Also* el mozo	*kid (boy)*	tener... años	*to be... years old*
multicultural	*multicultural*	el tipo	*guy*
normal	*normal*	viejo	*old*
los ojos	*eyes*		

Higher only:

ciego	*blind*	minusválido	*disabled*
embarazada	*pregnant*	la silla de ruedas	*wheelchair*
la fe	*faith*	la tercera edad	*third age*
el grano	*spot*	la vejez	*old age*
las lentillas	*contact lenses*		

Eating Out

a la plancha	*grilled (e.g. steak)*
las albóndigas	*meatballs*
el aperitivo	*aperitif*
el apetito	*appetite*
atender una mesa Also servir a la mesa	*to serve a table*
la bebida	*drink*
el bistec	*steak*
la brocheta Also el pincho	*kebab*
la cafetería	*cafeteria, refreshment room*
los calamares	*squid*
la cantina	*canteen*
la carta	*menu*
la cerveza	*beer*
el chorizo	*Spanish sausage*
la chuleta	*chop*
compartir	*to share*
la copa	*(wine) glass*
la cuchara	*spoon*
la cucharita	*teaspoon*
la cucharadita	*teaspoonful*
el cuchillo	*knife*
la cuenta	*account, bill*
la elección	*choice*
los entremeses	*starter*
la especialidad	*speciality*
el filete	*fillet, steak*
las gambas	*prawns*
grueso	*thick (e.g. steak)*
el gusto	*taste, delight*
incluido	*included*
incluir	*to include*
el jamón serrano	*cured ham*
la langosta	*lobster*
el menú a precio fijo	*fixed-price menu*
el menú del día	*menu of the day*
la merienda	*afternoon tea, snack, picnic*
nada más	*nothing else*
pedir	*to ask for, to order*
la pizzería	*pizzeria*
el plato del día	*dish of the day*
el plato principal	*main course*
la posada	*inn*
el postre	*dessert*
el primer plato	*first course*
la propina	*tip*
el restaurante	*restaurant*
el restaurante de comida rápida	*fast-food restaurant*
la sal	*salt*
el salón de té	*tearoom*
la servilleta	*napkin, serviette*
servir	*to serve*
el suplemento	*supplement*
la tarifa (de precios)	*price list*
el tenedor	*fork*
el vaso	*glass (tumbler)*
el vino	*wine*

Higher only:

apenas	*scarcely, hardly*	el filete poco hecho	*rare steak*
apetecer	*to feel like, to fancy*	merendar	*to have afternoon tea*
apetitoso	*appetising*	el sabor	*taste*
la cerveza de barril	*draught beer*		
el filete al punto	*medium steak*		

Family

la abuela	*grandmother*	el hermanastro	*stepbrother, half-brother*
la abuelita	*granny*	el hermano	*brother*
el abuelo	*grandfather*	los hermanos	*brothers and sisters*
los abuelos	*grandparents*	la hija	*daughter*
acordarse de	*to remember*	el hijo	*son*
el bebé	*baby*	la infancia	*childhood*
casado	*married*	llamarse	*to be called*
casarse	*to get married*	la madrastra	*stepmother*
la cuñada	*sister-in-law*	la madre	*mother*
el cuñado	*brother-in-law*	la madre soltera	*single mother*
la esposa	*wife*	la mamá	*mum*
Also la mujer		mayor	*older*
el esposo	*husband*	menor	*younger*
Also el marido		el miembro de la familia	*family member*
la familia	*family*	la nieta	*granddaughter*
los gemelos	*twins*	el nieto	*grandson*
la generación	*generation*	la niña	*girl*
la hermana	*sister*	el niño	*boy*
la hermanastra	*stepsister, half-sister*		

Section 2 — Identity & Culture

la nuera	*daughter-in-law*	la responsabilidad	*responsibility*
el padrastro	*stepfather*	la sobrina	*niece*
el padre	*father*	el sobrino	*nephew*
los padres	*parents*	la tía	*aunt*
el papá	*dad*	el tío	*uncle*
el pariente *Also* la pariente *Also* el familiar	*relative*	único	*only (child)*
		el vecino *Also* la vecina	*neighbour*
el primo	*cousin*	el yerno	*son-in-law*
el recuerdo	*memory, souvenir*		

Higher only:

adoptado	*adopted*	la persona soltera	*single person*
el cuidado	*care*	la suegra	*mother-in-law*
los gemelos idénticos	*identical twins*	el suegro	*father-in-law*
el huérfano *Also* la huérfana	*orphan*		

Fruit and Veg

las aceitunas	*olives*	las coles de Bruselas	*sprouts*
el ajo	*garlic*	la coliflor	*cauliflower*
el albaricoque	*apricot*	la ensalada	*salad*
la alubia *Also* la judía	*bean*	las espinacas	*spinach*
		la frambuesa	*raspberry*
la cebolla	*onion*	la fresa	*strawberry*
la cereza	*cherry*	la fruta	*fruit*
el champiñón	*mushroom*	los guisantes	*peas*
la ciruela	*plum*	las judías verdes	*green beans*
la col	*cabbage*	la lechuga	*lettuce*

Section 2 — Identity & Culture

la legumbre	*vegetable*	la piña	*pineapple*
el limón	*lemon*	el plátano	*banana*
la manzana	*apple*	el pomelo	*grapefruit*
el melocotón	*peach*	el rábano	*radish*
el melón	*melon*	la seta	*mushroom*
la naranja	*orange*	el tomate	*tomato*
la patata	*potato*	las uvas	*grapes*
el pepino	*cucumber*	las verduras	*green vegetables*
la pera	*pear*	la zanahoria	*carrot*
el pimiento	*pepper*		

Higher only:

la alcachofa	*artichoke*	el puerro	*leek*
los espárragos	*asparagus*		

Going Out

el bar	*bar*	divertirse	*to have fun*
el cajero automático	*cash machine*	en seguida	*immediately*
cancelar	*to cancel*	encontrarse con	*to meet up with*
charlar	*to chat*	entretenido	*entertaining*
el club	*club*	inmediatamente	*immediately*
el club nocturno	*nightclub*	la invitación	*invitation*
colgar	*to hang (up)*	invitar	*to invite*
darse prisa	*to hurry*	ir a la bolera	*to go tenpin bowling*
descolgar	*to pick up (telephone)*	irse	*to go away, to leave*
la discoteca	*disco*	la lista de precios	*price list*
divertido	*fun*		

Section 2 — Identity & Culture

llamar	to call	sacar entradas	to buy tickets
llegar	to arrive	la taberna	bar, tavern, pub
el lugar de reunión	meeting place	la taquilla	box office, ticket office
el mensaje	message		
la obra de teatro	play	tardar	to take time, to be late
oír	to hear		
		la vida nocturna	nightlife

Higher only:

el auricular	receiver	los fuegos artificiales	fireworks
la comedia musical	musical	la función	show
el disfraz	disguise, fancy dress	el suceso	event

Leisure

aburrirse	to get bored	el barco de vela	sailing boat
acompañar	to accompany, to go with	la bicicleta	bicycle, bike
		la bicicleta de montaña	mountain bike
la afición	hobby	el billar	pool, billiards
el aficionado	enthusiast	la bolera	bowling alley
el ajedrez	chess	la cama elástica	trampoline
el alpinismo	climbing	*Also* el trampolín	
el arte	art	la caña de pescar	fishing rod
asistir a	to be present at	el carné de billetes	ticket book
bailar	to dance	celebrar	to celebrate
el baile	dance	el cine	cinema
barato	cheap, economical	el club de jóvenes	youth club
		la colección	collection

Section 2 — Identity & Culture

coleccionar	to collect	el juego	game
la colonia de vacaciones	holiday camp	el juego de cartas	game of cards
		el juguete	toy
la colonia de verano	summer camp	juntarse	to join
la costura	sewing	juntos	together
el culturismo Also el fisiculturismo	bodybuilding	el lector de DVD	DVD player
		el lector MP3	mp3 player
dar	to give	leer	to read
dar un paseo Also dar una vuelta	to go for a walk	libre	free
		la llamada	call
el día de descanso	day off	llenar	to fill
disfrutarse	to enjoy oneself	el miembro	member
la distracción	fun, entertainment	mirar	to watch, to look at
la diversión	entertainment	el monopatín	skateboard
elegir Also escoger	to choose	el monopatinaje	skateboarding
		el montañismo	mountaineering
el entretenimiento	entertainment	la oficina de objetos perdidos	lost property office
enviar Also mandar	to send		
		el parapente	paragliding
la escalada en roca	rock climbing	el parque de atracciones	funfair
escalar montañas	to climb mountains		
escribir a máquina	to type	el parque infantil	playground
el excursionismo	hiking	el pasatiempo	hobby
felicitar	to congratulate	pasear	to go for a walk
la foto	photo	el paseo	walk
la fotografía	photography, photograph	el patinaje en línea	rollerblading
		patinar sobre ruedas	to roller-skate
hacer	to do, to make	la pesca	fishing
hacer deporte	to do sport	pescar	to fish
el interés	interest	la petanca	lawn bowls
ir	to go	el ping-pong	ping-pong
ir de caminata	to go hiking	el piragüismo	canoeing
ir de paseo	to go for a walk	la pista de patinaje sobre hielo	ice rink
ir de pesca	to go fishing		

Section 2 — Identity & Culture

el placer	pleasure	el socio	member (of a club)
practicar	to practise	el teatro	theatre
el precio de entrada	entry fee	tener lugar	to take place
los ratos libres	free time	el tiempo libre	free time
regresar *Also* volver	to return	tirar	to pull, to throw (away)
sacar fotos	to take photos	venir	to come
la sala de juegos	games room	ver	to see
salir	to go out	el videojuego	video game
el salto con paracaídas	parachute jump		

Higher only:

disparar	to shoot	el ocio	leisure
entusiasmar	to excite, to enthuse	el parque zoológico	zoo
entusiasta	enthusiastic	el principiante *Also* la principiante	beginner
el juego de mesa	board game	el riesgo	risk
el juego electrónico	electronic game	el submarinismo	scuba diving
la misa	mass, church service	el tiro con arco	archery
		el velero	sailing boat

Media

el anuncio	advert	clásico	classical
breve	brief	la comedia	comedy
el canal	channel	el cuento de espías *Also* el cuento de espionaje	spy story
el cantante	singer		
el cartel	poster	el culebrón	soap opera
la ciencia ficción	science fiction	la cultura	culture

Section 2 — Identity & Culture

los datos informativos	information
el dibujo animado	cartoon
el documental	documentary
educar	to educate
educativo	educational
en directo	live
la entrevista de televisión	TV interview
el escenario	stage
la exposición	exhibition
el final	final
el folleto	leaflet
la galería de arte	art gallery
histórico	historical
la idea	idea
la información	information
la lectura	reading
la literatura	literature
los medios de comunicación	media
la novela	novel
la novela policíaca	detective story
la obra	work (of art)
la página web	website
la participación	participation
participar	to take part
la película	film
la película de acción	action film
la película de amor *Also* la película romántica	romantic film
la película de aventura	adventure film
la película de ciencia ficción	science fiction film
la película de fantasía	fantasy film
la película de suspense	thriller
la película de terror	horror film
la película del oeste	western
la película policíaca	detective film
el periódico	newspaper
el periódico digital	digital newspaper
la prensa	press
el programa	programme
el programa concurso	quiz show
la publicidad	advertising, publicity
el quiosco de periódicos	newspaper stand
la radio	radio
real	real
la revista	magazine
la revista digital	e-magazine
la serie	series
el tebeo	comic
la telenovela	soap opera
la televisión	television
la tragedia	tragedy
la ventaja	advantage
verdadero	true, real

Higher only:

la actuación *Also* la representación	performance
la audiencia	audience
auténtico	genuine, real

el drama	*drama*
la grabación	*recording*
el intermedio	*interval*
la película de misterio	*mystery film*
la película doblada	*dubbed film*
el público	*audience, viewers*
representar	*to perform*

los subtítulos	*subtitles*
el telespectador	*viewer*
la televisión por cable	*cable TV*
la televisión por satélite	*satellite TV*
la trama	*plot*
la versión original	*original version*
la videocámara	*camcorder*

Music

los audífonos	*headphones*
la banda	*band*
la batería	*drums*
la canción	*song*
cantar	*to sing*
las castañuelas	*castanets*
el CD	*CD*
el clarinete	*clarinet*
el concierto	*concert*
el coro	*choir*
el disco compacto	*compact disc*
el equipo de música	*stereo system*
el espectáculo	*show*
el festival de música	*music festival*
la flauta	*flute*
la flauta dulce	*recorder*
el grupo	*group*
la guitarra	*guitar*
el MP3	*mp3 (file)*

la música	*music*
la música clásica	*classical music*
la música folklórica	*folk music*
la música pop	*pop music*
la música rap Also el rap	*rap music*
la música rock	*rock music*
la orquesta	*orchestra*
el piano	*piano*
romántico	*romantic*
el saxofón Also el saxófono	*saxophone*
el silencio	*silence*
silencioso	*silent*
el sonido	*sound*
tocar	*to play (an instrument)*
la trompeta	*trumpet*
el violín	*violin*

Section 2 — Identity & Culture

Higher only:

los auriculares	*earphones*	interpretar	*to interpret, to perform*
la banda sonora	*soundtrack*	la melodía	*melody*
el ensayo	*attempt, test, rehearsal*		

Personal Information

el adulto	*adult*	la fecha de nacimiento	*date of birth*
el apellido	*surname*	la firma	*signature*
el apodo	*nickname*	firmar	*to sign*
la barba	*beard*	la gente	*people*
bello Also hermoso	*beautiful*	el hombre	*man*
		la identidad	*identity*
el bolso Also la bolsa	*bag, handbag, purse*	individual	*individual*
		el joven	*young person, teenager*
bonito	*pretty*		
el carné (de identidad)	*identity card*	jubilado	*retired*
la cartera	*wallet, briefcase*	jubilarse	*to retire*
la chica	*girl, young woman*	la letra	*letter (of the alphabet)*
el chico	*boy, young man*	el lugar de nacimiento	*place of birth*
el cumpleaños	*birthday*	el lugar de residencia	*place of residence*
deletrear	*to spell*		
la dirección	*address*	el macho	*male*
divorciado	*divorced*	la muerte	*death*
doña	*Mrs*	muerto	*dead*
la edad	*age*	la mujer	*woman, wife*
en paro Also parado	*unemployed*	nacer	*to be born*
		nacido	*born*
escribirse	*to be spelt*	el nacimiento	*birth*

Section 2 — Identity & Culture

la nacionalidad	*nationality*	propio	*own*
el nombre	*name*	el punto	*point, full-stop*
el nombre de pila	*first name*	rellenar	*to fill in (a form)*
los papeles	*documents*	rico	*rich*
el paro	*unemployment*	el señor	*Mr*
el pasaporte	*passport*	la señora	*Mrs*
la persona mayor	*adult*	la señorita	*Miss*
pobre	*poor*	el sexo	*sex, gender*
el prefijo	*dialling code*	soltero	*single*

Higher only:

el caballero	*gentleman*	la hembra	*female*
célebre	*famous*	pertenecer	*to belong*
Also famoso		poseer	*to possess*
la documentación	*papers*		

Personalities

agresivo	*aggressive*	la costumbre	*custom, habit*
animado	*lively*	creativo	*creative*
ansioso	*anxious*	de buen humor	*in a good mood*
antipático	*unpleasant, unkind*	de mal humor	*in a bad mood*
		deportivo	*sporty*
atento	*attentive, kind*	dinámico	*dynamic*
atrevido	*cheeky*	egoísta	*selfish, self-centred*
autoritario	*bossy*		
Also mandón		encantador	*charming*
el carácter	*character, nature*	enfadado	*angry, annoyed*
la comprensión	*understanding*	enfadarse	*to get angry*
comprensivo	*understanding*		

Section 2 — Identity & Culture

estar de buen humor	to be in a good mood	obediente	obedient
estar de mal humor	to be in a bad mood	ordenado *Also* arreglado	tidy
estricto *Also* severo	strict	que se porta bien	well behaved
		razonable	reasonable
extraño *Also* raro	strange	responsable	responsible
		la riña	argument
generoso	generous	sabio	wise
hablador	talkative	seguro de sí mismo	confident
honrado *Also* honesto	honest	la sensibilidad	feeling
		sin sentido del humor	no sense of humour
imbécil	stupid		
impaciente	impatient	sincero	sincere
insolente	rude, insolent	tacaño	mean
insoportable *Also* inaguantable	unbearable	tímido	shy
		tolerante	tolerant
inteligente	intelligent	tranquilo	quiet
irritar	to annoy	travieso	naughty, mischievous
loco	mad		
maduro	mature	triste	sad
maleducado	rude	valiente	brave
el modo	way, manner		

Higher only:

a gusto	at ease	de confianza	reliable
avaro	mean, miserly	dotado	gifted
bien educado	well behaved, well mannered	educado	polite
		enérgico	energetic
callado	quiet	engreído	conceited
la característica	trait	el humor	mood
celoso	jealous	inseguro	insecure
cobarde	cowardly	irritante	annoying
contento	pleased, happy, content	mimado	spoilt
		nervioso	nervous
cuidadoso	careful		

Section 2 — Identity & Culture

orgulloso	*proud*	sexista	*sexist*
pedante	*pedantic*	el temperamento	*temperament*
pretencioso	*pretentious*	terco	*stubborn*
prudente	*prudent*	*Also* tenaz	
sensato	*sensible*	torpe	*clumsy*
sensible	*sensitive*	vago	*lazy, vague*

Relationships

aceptar	*to accept*	la boda	*wedding*
afectar	*to affect*	el cariño	*affection*
agradecer	*to appreciate, to thank*	cariñoso	*affectionate*
		el casamiento	*marriage, wedding*
agradecido	*grateful*		
alegre	*happy*	el compañero	*friend*
Also feliz		*Also* la compañera	
amable	*kind*	comprometerse	*to get engaged*
el amigo	*friend*	*Also* prometerse	
el amigo por correspondencia	*penfriend*	confiar	*to trust, to confide*
Also la amiga por correspondencia		el conflicto	*conflict*
		conocer	*to know (be familiar with)*
la amistad	*friendship*		
el amor	*love*	el consejo	*advice*
el aniversario	*anniversary*	contar	*to count, to tell*
apreciar	*to appreciate, to be fond of*	la conversación	*conversation*
		conversar	*to talk, to chat*
arrepentirse	*to be sorry, to regret*	cortés	*polite*
		decir	*to say, to tell*
besar	*to kiss*	despedirse	*to say goodbye*
el beso	*kiss*		

la disputa	argument	la pareja	couple
Also la pelea		pelearse	to fight, to argue
divorciarse	to get divorced	perdonar	to forgive
el divorcio	divorce	la persona	person
dudar	to doubt	la personalidad	personality
enamorado	in love	presentar	to present
enamorarse	to fall in love	presentarse	to introduce oneself
esconder	to hide		
escribir	to write	prestar	to lend
evitar	to avoid	prometer	to promise
explicar	to explain	prometido	engaged
introducir	to introduce	reír	to laugh
llevarse bien (con)	to get on well (with)	Also reírse	
		la relación	relationship
llorar	to cry	reñir	to argue
lo siento	I'm sorry	respetar	to respect
el matrimonio	married couple, marriage	el respeto	respect
		el sentido del humor	sense of humour
mentir	to lie	el sentimiento	feeling, sorrow
la mentira	lie	separado	separated
el mentiroso	liar	separarse	to split up
molestar	to disturb	simpático	friendly
las noticias	news	solo	alone, lonely
la novia	girlfriend, bride	sonreír	to smile
el novio	boyfriend, bridegroom	sugerir	to suggest
		tratar	to treat
ofender	to offend	la verdad	truth
ofenderse	to take offence		

Higher only:

el acuerdo	agreement	el conocido	acquaintance
el apoyo	support	culpable	guilty
atraer	to attract	dedicar	to devote
la cólera	anger	disculparse	to apologise
el compromiso	engagement	echar al correo	to post

enojarse	*to get annoyed*	el noviazgo	*engagement*
el estado civil	*marital status*	relacionarse con la gente	*to get on with people*
fiel	*faithful*	sospechar	*to suspect*
leal	*loyal*	tratarse con	*to have dealings with*
el malentendido	*misunderstanding*		
mantener el contacto	*to stay in contact*	viudo	*widower*

Shopping

a mitad de precio	*half-price*	la confitería	*cake and sweet shop*
el arreglo	*repair*		
el autoservicio	*self-service restaurant, supermarket*	Correos Also la oficina de correos	*post office*
el billete	*bank note*	costar	*to cost*
el billetero	*wallet*	de ocasión	*second-hand*
la caja	*box, till*	dejar	*to leave (an object)*
el cajero	*cashier, check-out assistant*	el descuento	*discount, reduction*
cambiar	*to change, to exchange, to swap*	devolver	*to refund, to return, to give back*
la carnicería	*butcher's*	el dinero	*money*
el céntimo	*cent*	el dinero de bolsillo	*pocket money*
el centro comercial	*shopping centre*	la droguería Also la farmacia	*chemist's*
la charcutería	*delicatessen*		
el cliente	*customer*	empujar	*to push*
la compra de comestibles	*food shopping*	la entrega	*delivery*
		el escaparate	*shop window*
comprar	*to buy*	la esquina	*corner (street)*
las compras	*shopping*		

Section 2 — Identity & Culture

el estanco	tobacconist, newsagent	pagar	to pay (for)
la frutería	fruit shop	la panadería	baker's
la garantía	guarantee	la papelería	stationer's
garantizar	to guarantee	la pastelería	cake shop
gastar	to spend	la peluquería	hairdresser's
los grandes almacenes	department store	la perfumería	perfume shop
gratuito	free (no charge)	el período de espera	waiting period
hacer la compra	to do the shopping	la pescadería	fishmonger's
		la pieza de recambio	replacement part
hacer reparto a domicilio	to do home delivery	el precio	price
		el probador	changing room
la heladería	ice-cream parlour	el quiosco	kiosk
el hipermercado	hypermarket	rebajar	to reduce
las horas de apertura	opening hours	las rebajas	sales
información y reclamaciones	customer services	el recibo	receipt
		reclamar	to complain
las instrucciones	instructions	la reducción	reduction
ir de compras	to go shopping	reducido	reduced
la joyería	jeweller's	reembolsar	to refund
la juguetería	toy shop	reemplazar	to substitute, to replace
la libra esterlina	pound sterling		
la librería	book shop, book case	el regalo	present (gift)
		reponer	to replace
la marca	brand, make	el supermercado	supermarket
el mercado	market	la tarjeta de crédito	credit card
mirar escaparates	to go window-shopping	la tienda	shop
		la tienda de comestibles	grocer's
moderado	moderate, reasonable	la tienda de ropa Also la tienda de modas	clothes shop
la moneda	coin		
el monedero	purse	vender	to sell
el mostrador	counter	la ventana	window
necesitar	to need	la ventanilla	window, hatch
la oferta	offer	la verdulería	greengrocer's
ofrecer	to offer	la zapatería	shoe shop

Section 2 — Identity & Culture

Higher only:

la caja (de ahorros)	savings bank	el reembolso	refund
la ganga	bargain	el surtido	assortment
probarse	to try on		

Sport

el árbitro	referee	los deportes de riesgo	high-risk sports
las artes marciales	martial arts	*Also* los deportes de alto riesgo	
el atletismo	athletics	los deportes extremos	extreme sports
el bádminton	badminton	deportista	sporty
el balón	ball (large)	el equipo	team
el baloncesto	basketball	la equitación	horse riding
el balonmano	handball	el esquí	skiing
la bicicleta	bicycle	el esquí acuático	water skiing
el boxeo	boxing	esquiar	to ski
el campeón	champion	el estadio	stadium
el campeonato	championship	el fútbol	football
el campo de deportes	playing field, sports field	ganar	to win, to earn
la cancha (de tenis)	(tennis) court	la gimnasia	gymnastics
la carrera	race	el gol	goal
el ciclismo	cycling	hacer gimnasia	to do gymnastics
el ciclista	cyclist	hacer surf	to surf
Also la ciclista		hacer vela	to sail
el concurso	competition	hacer windsurf	to windsurf
correr	to run	el hockey	hockey
el deporte	sport	intentar	to try
los deportes acuáticos	water sports	el judo	judo
los deportes de invierno	winter sports	los Juegos Olímpicos	Olympic Games
		el jugador	player

Section 2 — Identity & Culture

jugar (a)	to play	la raqueta	racket
el karate	karate	el rugby	rugby
la liga	league	saltar	to jump
marcar un gol	to score a goal	ser miembro de	to be a member of
montar a caballo *Also* ir a caballo	to ride a horse	el squash	squash
montar en bici	to cycle	el surf	surfing
nadar	to swim	la tabla de surf	surf board
la natación	swimming	el tenis	tennis
el partido	match	el tenis de mesa	table tennis
el patinaje	skating	tomar parte	to take part
patinar	to skate	el torneo	tournament, competition
la pelota	ball (small)	triunfar	to triumph
la piragua	canoe	la vela	sailing
la piscina	swimming pool	los vestuarios	changing rooms
la pista	track, course, court, ski-slope	el voleibol	volleyball
el polideportivo	sports centre	el windsurf	windsurfing
el premio	prize	las zapatillas de deporte	trainers

Higher only:

el amistoso	friendly (match, game)	el fanático	fanatic
		el medio tiempo	half-time
los artículos deportivos	sports equipment	el remo	rowing
bucear	to dive	el salto de altura	high jump
la división	division	el salto de longitud	long jump
la esgrima	fencing	la selección	team

Section 2 — Identity & Culture

Technology

a la atención de	for the attention of
el acoso cibernético	cyber bullying
el adjunto	attachment
almacenar	to store
el archivo de datos	data file
la arroba	at (@)
la barra	forward slash
el blog	blog
la carpeta	folder
charlar en línea *Also* chatear	to chat online
el chat	chatroom
cliquear	to click
con relación a	further to
la consola de juegos	games console
el contestador automático	answerphone
la contraseña	password
el correo	post, mail
el correo basura	junk mail, spam
el correo electrónico	electronic mail
cortar	to cut off
crear	to create
descargar	to download
¿Diga? *Also* ¿Dígame?	Yes? (answering the phone)
digital	digital
la dirección de email	email address
el disco duro	hard drive
la electricidad	electricity
eléctrico	electrical
el email	email
en contacto con	in communication with
en la línea *Also* al aparato	on the line
enviado por	sent by
escucho	I'm listening
espere	wait (formal)
funcionar	to work (function)
grabar	to record, to burn (CDs)
la guía de teléfonos	telephone book
hablando	speaking
hacer clic	to click
la herramienta	tool
la impresora	printer
imprimir	to print
el Internet	Internet
le paso	I will put you through
lento *Also* despacio	slow
la llamada telefónica	telephone call
llámame	call me (informal)
llámeme	call me (formal)
marcar el número	to dial the number
mecanografiar	to type
el mensaje (de texto)	(text) message
el mensaje en el contestador	voice mail
el modo de empleo	instructions for use
el monitor	monitor
el móvil	mobile (phone)

Section 2 — Identity & Culture

navegar en Internet	to surf the web	la sala de chat	chatroom
navegar por la red	to surf the net	el satélite	satellite
no cuelgue	stay on the line	el software	software
el número correcto	correct number	la tecla	key (on a keyboard)
el número de teléfono	phone number		
el número equivocado	wrong number	el teclado	keyboard
el ordenador	computer	técnico	technical
la página web	web page	la tecnología	technology
Also la página de Internet		telefonear	to telephone
		el teléfono	telephone
la pantalla	screen	el texto	text (message)
la pila	battery	el timbre	tone
la portada	homepage	*Also* el tono	
Also la página frontal		usar	to use, to wear
Also la página inicial		el uso	use
el portátil	laptop	el usuario	user
publicar	to publish	el virus	virus
puntocom	dot com	vuelvo enseguida	I'll be right back
recargable	rechargeable	la web	web
la red	net(work), Internet	la webcam	webcam
		Also la cámara web	
la red social	social network	la Xbox®	Xbox®
la reparación	repair		
reparar	to repair, to fix		

Higher only:

adjuntar	to attach	inalámbrico	wireless
la base de datos	database	el internauta	Internet user
el buscador	search engine	*Also* la internauta	
el correo web	webmail	el mando a distancia	remote control
desactivar	to deactivate	el marcador	bookmark
el enlace	link	el navegador	browser
el guión	hyphen	la pantalla táctil	touch screen
el guión bajo	underscore	el procesador de texto	word processor

Section 2 — Identity & Culture

el reproductor	widget	la tarjeta de memoria	memory card
el servidor de seguridad	firewall		

Things to Drink

el agua *(f)*	water	el refresco	soft drink
el agua mineral *(f)*	mineral water	la sed	thirst
el agua potable *(f)*	drinking water	la sidra	cider
beber	to drink	la taza	cup
el cacao	cocoa	el té	tea
el café	coffee	tener sed	to be thirsty
la cafetera	coffee pot	la tetera	teapot
el champán	champagne	el tinto	red (wine)
el chocolate caliente	hot chocolate	tomar	to take, to have (a drink)
la gaseosa	fizzy drink		
la leche	milk	el zumo de fruta	fruit juice
la limonada	lemonade		

Higher only:

el cava	cava (fizzy wine)	la leche semidesnatada	semi-skimmed milk
la leche desnatada	skimmed milk		
la leche entera	whole milk	la tisana	herbal tea

Things to Eat

el aceite	oil	el almuerzo	lunch
el alimento	foodstuff	amargo	bitter (taste)
el aliño para ensalada	salad dressing	el arroz	rice

Section 2 — Identity & Culture

asado	roast
asar	to roast
el atún	tuna
el azúcar	sugar
la barra de pan	baguette, French stick
el bocadillo	sandwich
los bombones	chocolates, sweets
el bote	pot
calentar	to heat
el caramelo	boiled sweet
la carne	meat
la carne de cerdo	pork
la carne de ternera	veal
la carne de vaca	beef
la carne fría cortada en lonchas	cold sliced meat
la carne picada	mince
la cena	dinner, evening meal
los cereales	cereal
el chocolate	chocolate
el churro	doughnut, fritter
el cocido	stew
comer	to eat
los comestibles	food
la comida	food, meal
la comida basura	junk food
la comida precocinada	ready meal
la comida rápida	fast food
la comida ya hecha	ready meal
el cordero	lamb
la crema	cream
el desayuno	breakfast
dulce	sweet
los espaguetis	spaghetti
el flan	crème caramel
fresco	fresh
frito	fried
la galleta	biscuit
el gazpacho	cold soup
la grasa	fat, grease
el hambre (f)	hunger
la hamburguesa	hamburger
el helado	ice cream
hervido	boiled
hervir	to boil
el huevo	egg
el jamón	ham
la mantequilla	butter
la margarina	margarine
el marisco	seafood
los mejillones	mussels
la mermelada	jam, marmalade
mezclar	to mix
la miel	honey
la mostaza	mustard
la nata	whipped cream
la nuez	nut
oler a	to smell of
el olor	smell
el pan	bread
el panecillo	bread roll
la pasta	pasta
el pastel	cake
los pastelitos	pastries
las patatas fritas	chips, crisps
el pato	duck

el pavo	*turkey*	la salchicha	*sausage*
el perrito caliente	*hot dog*	el salchichón	*sausage (like salami)*
el pescado	*fish*	la salsa	*sauce*
picante	*spicy*	el sándwich	*sandwich*
la pimienta	*pepper (seasoning)*	secar	*to dry*
la pizza	*pizza*	la sopa	*soup*
el platillo	*saucer*	las tapas	*bar snacks*
el plato	*plate, dish*	la tarta	*cake*
podrido	*rotten*	la tarta de frutas	*fruit tart*
el pollo	*chicken*	tener hambre	*to be hungry*
preparar	*to prepare*	el tocino	*bacon*
el queso	*cheese*	la tortilla	*omelette*
la ración	*helping, portion*	la tostada	*toast*
saber a	*to taste of*	el turrón	*nougat, sweet*
sabroso	*tasty, flavoursome*	la vainilla	*vanilla*
		el vinagre	*vinegar*
salado	*savoury, salty*	el yogur Also el yogurt	*yoghurt*

Higher only:

ahumado	*smoked*	el huevo pasado por agua	*boiled egg*
asar a la parrilla	*to barbecue*	los huevos revueltos	*scrambled eggs*
el bacalao	*cod*	la jarra	*jug*
cocido al vapor	*steamed*	la merluza	*hake*
cocinado	*cooked*	morder	*to bite*
crudo	*raw*	el paté	*pâté*
los fideos	*noodles*	el pistacho	*pistachio*
el ganso	*goose*	el queso de cabra	*goat's cheese*
la harina	*flour*	el salmón	*salmon*
hecho en casa	*home-made*	la trucha	*trout*
el huevo frito	*fried egg*		

Section 2 — Identity & Culture

Accommodation

el albergue juvenil	youth hostel	la habitación doble	double room
el alojamiento	accommodation	la habitación individual	single room
alquilado	rented	el hostal	guesthouse
alquilar	to rent	el hotel	hotel
el ascensor	lift	la media pensión	half-board
el balcón	balcony	la pensión	guesthouse, lodging
el baño	bath, bathroom		
la cama de matrimonio	double bed	la pensión completa	full board
la cama individual	single bed	el primer piso	first floor
el camping	campsite	la recepción	reception
el chalet	cottage, chalet	el recepcionista Also la recepcionista	receptionist
confirmar	to confirm	recomendar	to recommend
el cuarto de baño	bathroom	la reserva	reservation
de lujo	luxury, deluxe	reservado	reserved
la ducha	shower	reservar	to book, to reserve
la entrada	entrance		
la estrella	star	el saco de dormir	sleeping bag
la habitación	room (in a hotel)	el segundo piso	second floor
la habitación de dos camas	twin room	la vista	view

Higher only:

el parador	hotel (state run)

Buildings

abajo	down, downstairs	el ambiente	atmosphere (of room)
el acceso	access	el apartamento	apartment
el aire acondicionado	air-conditioning	arriba	up, upstairs

el ático	top-floor flat, attic	el muro	wall
el ayuntamiento	town hall	el museo	museum
la calefacción	heating	la pared	wall, side
la casa	house	el pasillo	corridor
la casa adosada	semi-detached house	el piso	flat, floor, storey
		la planta baja	ground floor
la catedral	cathedral	principal	main
el centro de ocio	leisure complex	privado	private
cerrar con llave	to lock	la puerta	door
cerrarse	to close, to shut	la puerta principal	front door
la comisaría de policía	police station	la sala	hall, room
dar a	to look onto	la sala de espera	waiting room
descender	to go down	la sala de fiestas	party room
el despacho	office, study	la salida	exit
el desván	attic, loft	los servicios	toilet(s)
el dueño	owner, landlord	*Also* los aseos	
Also el propietario		el sitio	place, room, space
el edificio	building	el sótano	cellar
entrar	to enter	el suelo	floor
la escalera	stairs, ladder	el techo	ceiling
la escalera mecánica	escalator	el tejado	roof
el estante	shelf	la terraza	balcony, terrace
la iglesia	church	el timbre	doorbell
el interior	inside	la torre	tower
la lavandería automática	launderette	el váter	toilet
		el vestíbulo	hall (entrance)
la llave	key		
la mezquita	mosque		

Higher only:

acceder	to be allowed in	la ferretería	ironmonger's
la capilla	chapel	el guardarropa	cloakroom
el cobertizo	shed	la tintorería	dry cleaner's

Section 3 — Local, National, International & Global Areas of Interest

City, Town and Village

a un paso	one step away, near	el espacio	space
la acera	pavement	la fuente	fountain
acercarse	to get close, to approach	la glorieta *Also* la rotonda	roundabout
las afueras	outskirts	la granja	farm
el aparcamiento *Also* el parking	car park	la guardia civil	police
		el habitante	inhabitant
aparcar	to park	la industria	industry
la autovía	main road	industrial	industrial
la avenida	avenue	el lado	side
el aviso	notice, warning	municipal	public, municipal
el banco	bench, bank	el nivel	level
el barrio	district	las obras	road works
la biblioteca	library	la oficina	office
el bloque (de pisos)	block (of flats)	el palacio	palace
la bombera	fire brigade	la parada de autobuses	bus stop
el buzón	letter box	el parking	parking
la calle	street	el parque	park
la calle de dirección única	one-way street	el paso de peatones	zebra crossing
		el paso subterráneo	subway (pedestrian)
la calle principal	high street	perdido	lost
la carretera	main road	la plaza	square (in town)
céntrico	central	la plaza del mercado	marketplace
el centro	centre	la población	population
el centro urbano	town centre	la policía	police
el chalet	bungalow	el pueblo	village, small town
la ciudad	city, town		
la clínica	hospital	el puente	bridge
el código postal	post code	el ruido	noise
el comercio	business	ruidoso	noisy, loud
la comunidad	community		
el cruce	crossroads		

Section 3 — Local, National, International & Global Areas of Interest

seguir	to follow, to continue, to carry on	el taxi	taxi
		la vía para bicicletas	cycle path
los semáforos	traffic lights	la zona	area
la señal	sign, signal	la zona de recreo	playground
siguiente	following, next	la zona residencial	suburb
subir	to go up, to get on	el zoo	zoo

Higher only:

la aldea	small village	la localidad	locality, town
los alrededores	surrounding area	la oficina de empleo	job-centre
el área (f)	area	el paso de peatones	zebra crossing
atropellar	to run over, to knock down	prohibido aparcar	no parking
		rodeado	surrounded
fuera de servicio	out of service	la zona verde	green space

Environment

el agua salada (f)	salt water	contribuir	to contribute
la atmósfera	atmosphere	cultivar	to grow (plants)
aumentar	to increase	el cultivo	crop
la basura	rubbish	dañar	to damage
la bolsa plástica	plastic bag	*Also* perjudicar	
el cambio climático	climate change	el daño	damage
el carbón	coal	desaparecer	to disappear
la circulación	traffic	el desastre	disaster
el combustible	fuel	los desechos	rubbish
el combustible fósil	fossil fuel	la desforestación	deforestation
concurrido	busy, crowded	la destrucción	destruction
construir	to build	echar	to throw (away)
continuar	to continue	ecológico	green, ecological

Section 3 — Local, National, International & Global Areas of Interest

la encuesta	survey	la protección	protection
la energía	energy	proteger	to protect
la escasez	shortage	reciclable	recyclable
el fuego	fire	el reciclaje	recycling
Also el incendio		reciclar	to recycle
el gas	gas	el recurso	resource
el humo	smoke	los recursos naturales	natural resources
la lluvia ácida	acid rain	reducir	to reduce
el medio ambiente	environment	renovable	renewable
medioambiental	environmental	reutilizar	re-use
mejorar	to improve	sin plomo	unleaded
mundial	world, worldwide	solucionar	to solve
el oxígeno	oxygen	sucio	dirty
el petróleo	oil	tóxico	toxic
el petrolero	oil tanker	el tráfico	traffic
la polución	pollution	el transporte (público)	(public) transport
el problema	problem	utilizar	to use
producir	to produce	la zona peatonal	pedestrian zone
los productos químicos	chemical products		

Higher only:

agotar	to exhaust, to use up	el contenedor de vidrio	bottle bank
el agua dulce (f)	fresh water	convertir en abono	to make into compost
el agujero	hole	desperdiciar	to waste
arruinar	to ruin	el desperdicio	waste
el calentamiento global	global warming	destruir	to destroy
la capa de ozono	ozone layer	el efecto invernadero	greenhouse effect
climático	climatic		
combatir	to combat	el embotellamiento	traffic jam
el consumo	consumption	la energía solar	solar energy
la contaminación	pollution	ensuciar	to soil
contaminar	to pollute	estropear	to spoil, to damage, to ruin

Section 3 — Local, National, International & Global Areas of Interest

los gases de escape	*exhaust fumes*	el rescate	*rescue*
la marea negra	*oil spill*	los residuos	*waste*
nocivo	*harmful*	el vertedero	*rubbish dump*
la paz	*peace*	la vivienda	*housing*
rescatar	*to rescue, to save*		

Furniture

amueblado	*furnished*	la estantería	*bookcase*
el armario	*cupboard, wardrobe*	la mesa	*table*
		los muebles	*furniture*
la cama	*bed*	la silla	*chair*
el cojín	*cushion*	el sillón	*armchair*
la cómoda	*chest of drawers*	el sofá	*sofa, settee*
la cortina	*curtain*	el teléfono	*telephone*
el espejo	*mirror*		

Higher only:

el tocador	*dressing table*

Health

el accidente	*accident*	ayudar	*to help*
activo	*active*	borracho	*drunk*
alcohólico	*alcoholic*	caerse	*to fall*
la alimentación	*food, diet*	el cigarrillo	*cigarette*
alojarse	*to stay*	cortarse	*to cut oneself*

Section 3 — Local, National, International & Global Areas of Interest

delicioso	delicious	herirse	to get injured
la depresión	depression	el hospital	hospital
doler	to hurt, to be sore	malsano	unhealthy
		mantenerse en forma	to keep fit
doloroso	painful, sore	matar	to kill
la droga blanda	soft drug	el médico	doctor
la droga dura	hard drug	morir	to die
drogarse	to take drugs	oler	to smell
el ejercicio	exercise	parar	to stop
emborracharse	to get drunk	Also detener(se)	
en forma	fit	peligroso	dangerous
encontrarse bien	to be well	poco sano	unhealthy
encontrarse mal	to be ill	prevenir	to warn, to prevent
la enfermedad	illness		
enfermo	ill	la receta	prescription, recipe
entrenarse	to train, to practise	recibir	to receive
especialmente	especially	relajarse	to relax
estar bien	to be well	el resfriado Also el catarro	cold
estar mal	to be ill		
estar resfriado Also estar constipado	to have a cold	respirar	to breathe
		la salud	health
el estrés	stress	saludable Also sano	healthy
estresado	stressed		
la fiebre	temperature, fever	salvar	to save
		sentirse	to feel
el footing	jogging	el sida	AIDS
fuerte	strong	el tabaco	tobacco
el fumador	smoker	tener calor	to feel hot
el fumador pasivo	passive smoker	tener dolor de...	to have pain in...
fumar	to smoke	tener dolor de cabeza	to have a headache
el gimnasio	gymnasium		
la gripe	flu	tener dolor de estómago	to have stomach ache
el hábito	habit		
hacer ejercicio	to exercise	tener dolor de garganta	to have a sore throat

Section 3 — Local, National, International & Global Areas of Interest

tener frío	to feel cold	toser	to cough
la tentación	temptation	vacío	empty
torcer	to twist	el vegetariano	vegetarian
la tos	cough	vivir	to live

Higher only:

adelgazar *Also* perder peso	to lose weight	mejorarse	to get better, to recover
advertir	to warn	el porro	spliff
el alcoholismo	alcoholism	los primeros auxilios	first aid
el ataque cardíaco	heart attack	el régimen *Also* la dieta	diet
el botellón	drinking party in the street	resfriarse	to catch a cold
cesar *Also* dejar de	to stop, to cease	respiratorio	respiratory
		seguir un régimen	to be on a diet
comprobar *Also* verificar	to check	la seguridad	safety, security
		la sensación	feeling, sensation
deprimido	depressed	seropositivo	HIV positive
el dolor de oídos	earache	sin aliento	out of breath
el drogadicto *Also* el toxicómano	drug addict	el síndrome de abstinencia	withdrawal symptoms
engordar	to put on weight	sufrir	to suffer
físico	physical	el tabaquismo	smoking
glotón	greedy	tener sobrepeso	to be overweight
hacer daño	to hurt (inflict pain)	la toxicomanía	drug addiction
holgazán *Also* perezoso	lazy		

Holidays and Festivals

acampar	to camp	la fiesta nacional	public holiday
la actividad	activity	el idioma	language
al aire libre	in the open air	la loción bronceadora	suntan lotion
el Año Nuevo	New Year	el Lunes de Pascua	Easter Monday
la arena	sand	el mar	sea
el bañador Also el traje de baño	swimsuit	la Navidad	Christmas
		la Nochebuena	Christmas Eve
broncearse Also tomar el sol	to sunbathe	la Nochevieja	New Year's Eve
		olvidar	to forget
la cámara Also la máquina fotográfica	camera	olvidarse de	to forget about
		Papá Noel	Father Christmas
		el parque temático	theme park
el campista Also la campista	camper	partir	to leave
		pasarlo bien	to have a good time
el campo	country(side)		
la celebración	celebration	la Pascua	Easter
la costa	coast	la playa	beach
la crema solar	sun cream	la quemadura solar	sunburn
la Cuaresma	Lent	regalar	to give a present
dar regalos	to give presents	los Reyes Magos	the Three Kings
el día de fiesta	public holiday	la Semana Santa	Holy Week
el Día de la Madre	Mother's Day	la sombrilla	parasol, sunshade
el Día de los Muertos	Day of the Dead		
el Día de Reyes Also la Epifanía	Epiphany	la tarjeta postal Also la postal	postcard
el día festivo	public holiday	la Tomatina	tomato-throwing festival
el diccionario	dictionary		
la feria	fair, show	las vacaciones	holiday
festejar	to celebrate	el Viernes Santo	Good Friday
la fiesta	holiday, festival, party	la víspera	eve

Section 3 — Local, National, International & Global Areas of Interest

Higher only:

el carnaval	*carnival*
las cerillas	*matches*
el desfile	*parade*
el Día de los Inocentes	*April Fools' Day*
disfrazarse de	*to dress up as*
la fecha patria	*national day*
la fogata	*campfire*
el gaucho	*gaucho (cowboy)*
la insolación	*sun-stroke*
el mariachi	*Mexican musician*
el Martes de Carnaval	*Shrove Tuesday*
el villancico	*Christmas carol*

In the Home

abrir	*to open, to turn on (e.g. gas, water)*
acoger	*to take in, to accept, to receive*
la alfombra	*rug*
algo	*something*
la almohada	*pillow*
apagar	*to turn off (the lights)*
arreglar	*to mend, to tidy*
la aspiradora	*hoover*
la bandeja	*tray*
la bañera	*bath*
barrer	*to sweep*
el bricolaje	*DIY*
la butaca	*armchair*
cerrar	*to close, to turn off*
el césped	*lawn*
la cocina	*kitchen, cooker*
cocinar	*to cook*
el comedor	*dining room*
cómodo	*comfortable, cosy*
confortable	*comfortable*
el congelador	*freezer*
cortar	*to cut*
el cuadro	*picture, painting*
el cuarto	*room, quarter*
el cubo de basura	*bin*
el domicilio *Also* el hogar	*home*
el dormitorio	*bedroom*
en casa	*at home*
encender	*to light, to turn on*
estable	*stable, steady*
la factura	*bill*
el fregadero	*sink*
fregar los platos	*to do the washing up*
el garaje	*garage*
el grifo	*tap*
guardar	*to save, to keep*

Section 3 — Local, National, International & Global Areas of Interest

hacer de canguro	to babysit
el horno	oven
el huésped	guest
Also la huésped	
iluminar	to light, to illuminate
el jabón	soap
la lámpara	lamp
el lavabo	washbasin
el lavadero	utility room
la lavadora	washing machine
el lavaplatos	dishwasher
limpiar	to clean
limpio	clean
la linterna	torch
la luz	light
la manta	blanket
el mantel	tablecloth
la máquina	machine
la mesa	table
el microondas	microwave
la moqueta	carpet (fitted)
mostrar	to show
mudarse de casa	to move house
la nevera	fridge
Also el frigorífico	
la paga	pocket money
el papel higiénico	toilet paper
la papelera	wastepaper basket
pasar la aspiradora	to hoover
el patio	patio
pegar	to stick
la persiana	blind (for window)
pintado	painted
la pintura	painting
planchar	to iron
poner	to put
poner la mesa	to lay the table
el póster	poster
quitar la mesa	to clear the table
recoger	to tidy up, to pick up
el reloj	watch, clock
romper	to break, to tear
roto	broken
la sábana	sheet
sacar	to take out
la sala de estar	living room
el salón	lounge
la tele	telly
el televisor	television
la toalla de baño	bath towel
vaciar	to empty

Higher only:

acogedor	welcoming, friendly
los electrodomésticos	electrical appliances
el estudio	study
fijo	fixed
la litera	bunk bed
la ropa de cama	bed linen
los seguros	insurance
valioso	valuable

Location and Distance

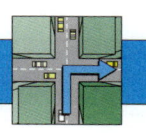

a la derecha	on the right
a la izquierda	on the left
a mano derecha	on the right-hand side
a mano izquierda	on the left-hand side
a través de	through
al final de	at the end of
aquí	here
atravesar	to cross
cercano	nearby, neighbouring
coge la primera calle a la izquierda	take the first road on the left (informal)
cruza	cross over (informal)
la distancia	distance
dobla a la derecha	turn right (informal)
dobla a la izquierda	turn left (informal)
en alguna parte	somewhere
en casa de	at someone's house
en la esquina de	on the corner of
en todas partes	everywhere
está a 100 metros	it is 100 metres away
está muy cerca	it is very close
estar situado	to be located
el este	east
el fondo	bottom
hacia	toward(s)
el kilómetro	kilometre
lejano	distant
lejos de	far from
el lugar	place
el norte	north
el oeste	west
otra parte	somewhere else
por allí	over there
¿Por dónde se va a...?	How do you get to...?
por todas partes	everywhere
profundo	deep
sigue	continue (informal)
el suburbio	suburb
el sur	south
todo recto	straight on

Higher only:

doblar	to turn
encontrarse	to be situated, to meet
situarse	to be situated

Section 3 — Local, National, International & Global Areas of Interest

Nature

el árbol	tree	natural	natural
la belleza	beauty	la naturaleza	nature
el bosque	forest, wood	el océano	ocean
el camino	path, way	la ola	wave
el campo	field	el paisaje	countryside
la colina	hill	pintoresco	picturesque
la cueva	cave	el planeta	planet
la flor	flower	la planta	plant
la hierba	grass	el río	river
la inundación	flood	la selva	forest
la isla	island	la selva tropical	rainforest
el jardín	garden	la sierra	mountain range
la montaña	mountain	la sombra	shade
montañoso	mountainous	la tierra	earth, ground

Higher only:

la cumbre	summit	el refugio	shelter, refuge
la especie	species	regar	to water
inundar	to flood	el sendero	footpath
la llama	flame	el terremoto	earthquake
la luna	moon	el volcán	volcano
la marea	tide		

Places

África	Africa	América	America
alemán	German	América del Norte	North America
Alemania	Germany	*Also* Norteamérica	

Section 3 — Local, National, International & Global Areas of Interest

América del Sur	South America
Also Sudamérica	
América Latina	Latin America
Also Latinoamérica	
americano	American
Andalucía	Andalusia
antiguo	ancient, former
árabe	Arabic
Aragón	Aragon
Argentina	Argentina
argentino	Argentinian
Asia	Asia
Australia	Australia
Austria	Austria
austriaco	Austrian
belga	Belgian
Bélgica	Belgium
Bolivia	Bolivia
boliviano	Bolivian
Brasil	Brazil
brasileño	Brazilian
británico	British
el canal de la Mancha	English Channel
la capital	capital
Castilla	Castile
Cataluña	Catalonia
Chile	Chile
chileno	Chilean
Colombia	Colombia
colombiano	Colombian
las comunidades autónomas	autonomous communities
Cuba	Cuba
cubano	Cuban
danés	Danish
Dinamarca	Denmark
Ecuador	Ecuador
ecuatoriano	Ecuadorian
escocés	Scottish
Escocia	Scotland
España	Spain
español	Spanish
los Estados Unidos	United States
Europa	Europe
europeo	European
francés	French
Francia	France
Gales	Wales
Also País de Gales	
galés	Welsh
Galicia	Galicia
Gran Bretaña	Great Britain
Grecia	Greece
griego	Greek
Holanda	Holland
holandés	Dutch
la India	India
indio	Indian
Inglaterra	England
inglés	English
Irlanda	Ireland
irlandés	Irish
las Islas Canarias	Canary Islands
Italia	Italy
italiano	Italian
latinoamericano	Latin American
Londres	London
el mar Cantábrico	Cantabrian Sea
el mar Mediterráneo	Mediterranean Sea

Section 3 — Local, National, International & Global Areas of Interest

mexicano	*Mexican*	la provincia	*province*
México	*Mexico*	la región	*region*
el mundo	*world*	el Reino Unido	*United Kingdom*
norteamericano	*North American*	la Rioja	*Rioja*
el Océano Atlántico	*Atlantic Ocean*	Rusia	*Russia*
el país	*country*	ruso	*Russian*
el País Vasco	*Basque Country*	sudamericano	*South American*
los Países Bajos	*the Netherlands*	Suecia	*Sweden*
Pakistán	*Pakistan*	sueco	*Swedish*
pakistaní	*Pakistani*	Suiza	*Switzerland*
el Perú	*Peru*	suizo	*Swiss*
peruano	*Peruvian*	turco	*Turkish*
los Pirineos	*Pyrenees*	Turquía	*Turkey*
Portugal	*Portugal*	venezolano	*Venezuelan*
portugués	*Portuguese*	Venezuela	*Venezuela*

Social Issues

adictivo	*addictive*	Dios	*God*
el adicto	*addict*	la discriminación	*discrimination*
afortunado	*fortunate, lucky*	la discusión	*discussion*
los ancianos	*senior citizens*	equilibrado	*balanced*
aprovechar	*to make the most*	escaso	*scarce*
el asunto	*matter*	la falta de	*lack of*
beneficiar	*to benefit*	formar parte de	*to be part of*
la campaña	*campaign*	el gobierno	*government*
la caridad	*charity*	golpear	*to hit*
el comercio justo	*fair trade*	la guerra	*war*
comportarse	*to behave*	la huelga	*strike*
el crimen	*crime*	igual	*equal*
los derechos	*rights*	importante	*important*
el desarrollo	*development*	imposible	*impossible*

Section 3 — Local, National, International & Global Areas of Interest

injusto	*unfair*	el racista	*racist*
inquietante	*worrying*	Also la racista	
Also preocupante		la residencia de ancianos	*old people's home*
inquietarse	*to worry*	Also el asilo de ancianos	
justo	*fair, just*		
la juventud	*youth*	responsable	*responsible*
el ladrón	*thief, burglar*	robar	*to steal*
la ley	*law*	el robo	*robbery*
la libertad	*freedom, liberty*	el santo	*saint*
luchar	*to struggle, to fight*	la sequía	*drought*
		ser aficionado de	*to be a fan of*
malgastar	*to waste*	la sociedad	*society*
la mayoría	*majority*	el sondeo	*survey*
la necesidad	*necessity, need*	la suerte	*luck*
los necesitados	*the needy*	tener miedo	*to be afraid*
la organización benéfica	*charity*	la tienda con fines benéficos	*charity shop*
el peligro	*danger*	Also la tienda solidaria	
la pérdida	*loss*	típico	*typical*
la pobreza	*poverty*	el vandalismo	*vandalism*
policíaco	*police*	la víctima	*victim*
prohibir	*to forbid*	la violencia	*violence*
el racismo	*racism*	violento	*violent*
		voluntario	*voluntary*

Higher only:

a beneficio de	*in aid of*	atacar	*to attack, to tackle*
el acontecimiento	*event, occurrence*	el atraco	*robbery, mugging*
acosar	*to pick on*	el aumento	*rise, increase*
amenazar	*to threaten*	la barrera generacional	*generation gap*
el asco	*disgust*	la buena acción	*good deed*
asustar	*to surprise, to shock*	cometer	*to commit*
Also sorprender		dedicarse	*to devote oneself*

Section 3 — Local, National, International & Global Areas of Interest

desafortunado	needy	menor de edad	underage
la desigualdad	inequality	el modelo de conducta	role model
detener	to arrest	la multa	fine
el discurso	speech	las Naciones Unidas	United Nations
echar la culpa	to blame	la pandilla	gang
espiando	spying	el prejuicio	prejudice
estar en desventaja	to be disadvantaged	provocar	to cause
		la reina	queen
el gamberro Also la gamberra	hooligan	el rey	king
		los sin techo	the homeless
la igualdad	equality	el testigo	witness
el inmigrante	immigrant	la venta benéfica de pasteles	charity cake sale
intimidar	to harass		
maltratar	to mistreat		
el maltrato	mistreatment		

Tourism

la agencia de viajes	travel agent's	el control de pasaportes	passport control
aislado	isolated, remote		
el alquiler de bicicletas	bike hire	en el extranjero Also al extranjero	abroad
averiguar	to find out		
		la estancia	stay
buscar	to look for	estar de vacaciones	to be on holiday
el cambio	bureau de change	el euro	euro
		la excursión	outing, trip
el carnet de identidad	identity card	la excursión a pie	walking tour
el castillo	castle	la gira Also el recorrido	tour
el cheque de viaje	traveller's cheque		
		la guía	guide book

Section 3 — Local, National, International & Global Areas of Interest

el guía Also la guía	tour guide	la piscina cubierta	indoor swimming pool
informarse	to find out	el plano	street plan
las instalaciones	facilities	por anticipado	in advance
el lago	lake	quedarse	to stay
el lugar de encuentro	meeting place	la tarjeta telefónica	telephone card
el lugar de interés	place of interest	la temporada alta	high season
el mapa de carreteras	road map	la temporada baja	low season
la máquina de fotos	camera	el turismo	tourism
el monumento	monument	el turista Also la turista	tourist
(no) fumador	(non) smoking	turístico	touristy
la oficina de información	information office	la visita	visit
la oficina de turismo	tourist office	el visitante	visitor
		visitar	to visit

Higher only:

el centro turístico costero	seaside resort	la inscripción	registration
		el rastro	flea market
escaparse	to escape	el transeúnte	passer-by
fijarse Also notar	to notice	las vacaciones de invierno	winter holidays
hospedar	to accommodate		
la hospitalidad	hospitality		

Transport

a pie	on foot	el autocar	coach
alcanzar	to catch (e.g. train), to reach	la autopista	motorway
		la avería	breakdown
el andén	platform	el avión	plane
el autobús	bus		

Section 3 — Local, National, International & Global Areas of Interest

bajar	to go down, to get off (e.g. bus)
el barco	boat
la bici	bicycle
el billete	ticket
el billete de ida y vuelta	return ticket
el billete solo de ida	one-way ticket
el bonobús	bus pass
caminar *Also* andar *Also* marchar	to walk
el camión	lorry
la camioneta	van
el carnet	pass
el carnet de conducir *Also* el permiso de conducir	driving licence
chocar con	to collide with
el chófer	chauffeur, driver
el ciclomotor	moped
circular	to circulate, to flow
el coche	car
coger	to take, to pick, to catch
la colisión	crash
el compartimento	compartment
conducir	to drive
el conductor	driver
la consigna	left luggage office
deprisa	fast
el destino	destination
el desvío	diversion
la estación de autobuses	bus station
la estación de ferrocarril	railway station
la estación de metro	metro station
la estación de tren	train station
el ferrocarril	railway
el ferry	ferry
el gasoil	diesel
la gasolina	petrol
la gasolinera	petrol station
hacer cola	to queue
hacer transbordo	to change (e.g. train)
el helicóptero	helicopter
la hora punta	rush hour
el horario	timetable
la línea	line
la llegada	arrival
marchar	to walk, to go
el medio de transporte	means of transport
el metro	metro, underground
montar	to get on (e.g. bus)
el mostrador de billetes *Also* la ventanilla de billetes	ticket office
la moto	motorbike
el motor	motor, engine
ocupar	to take up, to occupy
la parada	stop
el peatón	pedestrian
la prioridad	priority, right of way
el regreso *Also* la vuelta	return

Section 3 — Local, National, International & Global Areas of Interest

la rueda	wheel	¿Vas en coche?	Are you going by car?
el transporte	transport	el vehículo	vehicle
el tranvía	tram	la velocidad	speed
el tren	train	la vía	track
el vagón	carriage, coach		
¿Vas a pie?	Are you going on foot?		

Higher only:

adelantar	to overtake	el paso a nivel	level crossing
cargar	to load	el peaje	toll
el choque	collision, shock	procedente de	arriving from
el cinturón de seguridad	safety belt, seat belt	la salida de la autopista	motorway exit
embarcar	to board	la salida de emergencia	emergency exit
frenar	to brake	el vehículo de gran tonelaje	heavy goods vehicle
el límite de velocidad	speed limit		
la marcha	speed, gear		

Travel

a bordo	on board	la caravana	caravan
la aduana	customs	el coche cama	sleeping carriage
el aeropuerto	airport	el coche comedor	dining carriage
alquilar	to rent, to hire	con destino a	travelling to (with a destination of)
el alquiler de coches	car-hire, car rental		
el área de servicio	motorway services	la conexión	connection
		confirmar un billete	to validate a ticket
el asiento	seat		
el atasco	traffic jam	la consigna automática	left luggage
aterrizar	to land	la correspondencia	interchange

Section 3 — Local, National, International & Global Areas of Interest

el corresponsal	penfriend	la mochila	rucksack
Also la corresponsal		navegar	to sail
la corrida	bullfight	el pasajero	passenger
el crucero	cruise	perderse	to get lost
cruzar	to cross	el pinchazo	puncture
deshacer la maleta	to unpack a suitcase	la plaza de toros	bullring
		el puerto	port
despegar	to take off (plane)	el revisor	ticket inspector
directo	direct	el sentido	direction, sense
echar de menos	to miss	el torero	bullfighter
encontrar	to meet, to find	el toro	bull
el equipaje	luggage	la tradición	tradition
la estación de servicio	service station	tradicional	traditional
el extranjero	foreigner	la travesía	crossing
hacer la maleta	to pack a suitcase	válido	valid
hacer turismo	to go sightseeing	viajar	to travel
la línea (aérea)	airline	el viaje	journey
listo	ready	el viajero	traveller
llevar retraso	to be delayed	volar	to fly
la maleta	suitcase	el vuelo	flight
el mapa	map		

Higher only:

el abanico	fan	descubrir	to discover
averiado	broken down	la memoria	memory
la bandera	flag	traducir	to translate
el buque	ship	las vacaciones de esquí	skiing holiday
el castellano	Castilian Spanish		
curioso	odd, strange, curious	el viaje organizado	package holiday

Section 3 — Local, National, International & Global Areas of Interest

Weather

el boletín meteorológico	weather report
brilla el sol	the sun is shining
brillar	to shine
el buen tiempo	good weather
caliente	hot
el calor	heat
caluroso	hot, warm
el chubasco	shower
el cielo	sky
el clima	climate
cubierto	overcast, covered
despejado	cloudless, clear
está helado	it is freezing
está nublado	it is overcast
el frío	cold
el grado	degree
hacer calor	to be hot
hacer frío	to be cold
hay niebla	it is foggy
hay relámpagos	there is lightning
hay truenos	there is thunder
helar	to freeze
el hielo	ice
húmedo	wet, humid
el huracán	hurricane
llover	to rain
llueve *Also* está lloviendo	it's raining
la lluvia	rain
lluvioso	rainy
el mal tiempo	bad weather
mojarse	to get wet
la neblina	mist
nevar	to snow
la niebla	fog
nieva *Also* está nevando	it's snowing
la nieve	snow
la nube	cloud
nublado *Also* nuboso	cloudy
el pronóstico (meteorológico)	weather forecast
el relámpago	lightning
seco	dry
el sol	sun
soleado	sunny
la temperatura	temperature
la temperatura más alta	highest temperature
la temperatura mínima	lowest temperature
templado	mild, lukewarm
el tiempo	time, weather
la tormenta	storm
tormentoso	stormy
el trueno	thunder
ventoso	windy
el viento	wind

Section 3 — Local, National, International & Global Areas of Interest

Higher only:

despejarse	*to brighten up*	mojado	*wet*
granizar	*to hail*	el período soleado	*sunny spell*
el granizo	*hail*	la precipitación	*rainfall*
¡Hace un frío horrible! *Also* ¡Hace un frío que pela!	*It's freezing!*	soplar	*to blow*
		la temperatura baja	*low temperature*
hay neblina	*it is misty*	la temperatura media	*average temperature*
los intervalos del sol	*sunny intervals*		

Future Plans

aconsejar	to advise	la intención	intention
ahorrar	to save (money)	lograr	to achieve, to manage
la ambición	ambition		
ambicioso	ambitious	merecer	to deserve
aprovecharse	to take advantage of, to make the most of	el motivo	motive
		el objetivo	aim
		la ocasión	opportunity, occasion
apto	suitable, capable	la oportunidad	opportunity
asegurar	to assure, to insure	el paso	step
		el plan	plan (project)
comunicar	to communicate	los planes para el futuro	future plans
conseguir	to obtain, to manage to	ponerse a	to start (doing something)
decidir	to decide	la posibilidad	possibility
diseñar	to design	posible	possible
el diseño	design	la preocupación	worry, concern
la educación	education	preocuparse	to worry
emigrar	to emigrate	el propósito	intention, purpose
el entusiasmo	enthusiasm		
estudiar	to study	el proyecto	project
el futuro Also el porvenir	future	el sueño	dream
		tener ganas	to want, to wish (for)
hacer un curso	to do a course		
hacerse Also llegar a ser	to become	el título	degree (university)
ideal	ideal	tomarse un año libre Also tomarse un año sabático	to take a gap year
la independencia	independence		
independiente	independent		
		la universidad	university

Higher only:

cobrar	*to earn*	las perspectivas	*hope*
la confianza	*confidence*	la pesadilla	*nightmare*
la expectativa	*prospects*	planear	*to plan*
la habilidad	*skill, ability*	previsto	*foreseen, planned*
la licenciatura	*degree, title*	soñar	*to dream*
la meta	*goal*	la sugerencia	*suggestion*
la orientación profesional	*careers advice*		

Jobs

el abogado Also la abogada	*lawyer*	el bombero Also la bombera	*firefighter*
el actor	*actor*	el cajero Also la cajera	*cashier*
la actriz	*actress*	la camarera	*waitress*
el agente de policía Also la agente de policía	*police officer*	el camarero	*waiter*
		el carnicero Also la carnicera	*butcher*
el agricultor Also la agricultora	*farmer*	el carpintero Also la carpintera	*carpenter, joiner*
la ama de casa	*housewife*	el cartero Also la cartera	*postman, postwoman*
el amo de casa	*househusband*		
el arquitecto Also la arquitecta	*architect*	el cocinero Also la cocinera	*cook, chef*
el artista Also la artista	*artist*	el comerciante Also la comerciante	*shopkeeper, trader*
el atleta Also la atleta	*athlete*	el conserje Also la conserje	*caretaker*
el auxiliar de vuelo Also la auxiliar de vuelo	*air steward*	el constructor Also la constructora	*builder*
el azafato Also la azafata	*flight attendant*	el contable Also la contable	*accountant*

Section 4 — Current & Future Study & Employment

el dentista / Also la dentista	dentist
el dependiente / Also la dependienta	sales assistant
el director / Also la directora	head teacher, director
el diseñador / Also la diseñadora	designer
el doctor / Also la doctora	doctor
el ejecutivo / Also la ejecutiva	executive
el ejército	army
el electricista / Also la electricista	electrician
el empleo / Also el trabajo	job
el enfermero / Also la enfermera	nurse
el escritor / Also la escritora	writer
el farmacéutico / Also la farmacéutica	pharmacist
el florista / Also la florista	florist
el fontanero / Also la fontanera	plumber
el fotógrafo / Also la fotógrafa	photographer
el funcionario / Also la funcionaria	civil servant
el futbolista / Also la futbolista	footballer
el granjero / Also la granjera	farmer
el hombre de negocios	businessman
el informático / Also la informática	computer scientist
el ingeniero / Also la ingeniera	engineer
el jardinero / Also la jardinera	gardener
el mecánico / Also la mecánica	mechanic
el médico / Also la médica	doctor
el militar / Also la militar	soldier
la mujer de negocios	businesswoman
el músico / Also la música	musician
el obrero / Also la obrera	worker, labourer
el odontólogo / Also la odontóloga	dentist
el oficial de policía / Also la oficial de policía	police officer
el panadero / Also la panadera	baker
el pastelero / Also la pastelera	pastry chef
el peluquero / Also la peluquera	hairdresser
el periodismo	journalism
el periodista / Also la periodista	journalist
el pintor / Also la pintora	painter
el poeta / Also la poeta	poet
la profesión	profession
el profesor / Also la profesora	teacher, lecturer
el programador / Also la programadora	computer programmer
el puesto	position, job

Section 4 — Current & Future Study & Employment

el representante de ventas Also la representante de ventas	sales representative	el trabajador Also la trabajadora	worker
la sastrería	tailoring	el trabajador del campo Also la trabajadora del campo	farmworker
el secretario Also la secretaria	secretary	el traductor Also la traductora	translator
el soldado Also la soldado	soldier	el vendedor Also la vendedora	salesperson
el técnico Also la técnica	technician	el veterinario Also la veterinaria	vet
el tendero Also la tendera	shopkeeper	el voluntario Also la voluntaria	volunteer

Higher only:

el albañil Also la albañil	builder	el político Also la política	politician
el camionero Also la camionera	lorry driver	profesional	professional
el cura	Catholic priest	el sacerdote Also la sacerdote	priest
el intérprete Also la intérprete	interpreter		

School Equipment

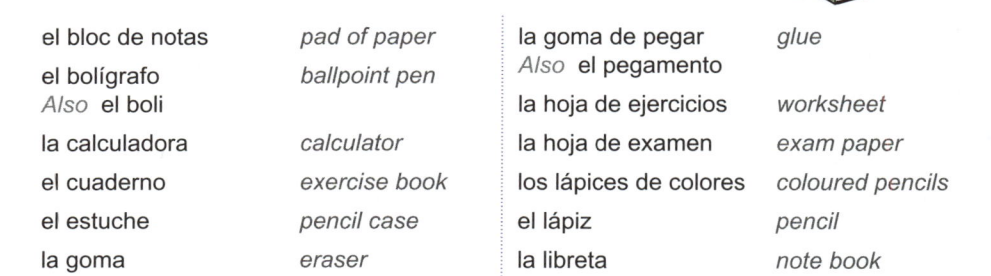

el bloc de notas	pad of paper	la goma de pegar Also el pegamento	glue
el bolígrafo Also el boli	ballpoint pen	la hoja de ejercicios	worksheet
la calculadora	calculator	la hoja de examen	exam paper
el cuaderno	exercise book	los lápices de colores	coloured pencils
el estuche	pencil case	el lápiz	pencil
la goma	eraser	la libreta	note book

Section 4 — Current & Future Study & Employment

el libro	*book*	el proyector	*projector*
la pantalla interactiva	*interactive whiteboard*	el pupitre Also la mesa de trabajo	*desk*
la pizarra	*board, blackboard*	el rotulador	*felt-tip pen*
la pizarra interactiva	*interactive whiteboard*	el sacapuntas	*pencil sharpener*
		las tijeras	*scissors*
la pluma estilográfica	*fountain pen*		

Higher only:

el cartucho de tinta	*ink cartridge*	el libro de texto	*textbook*

School Life

el alumno	*pupil, student*	el boletín de notas	*school report*
el año escolar	*school year*	borrar	*to rub out, to erase*
aprender	*to learn*		
aprobar	*to pass (an exam)*	calcular	*to calculate*
		la calificación	*grade, qualification*
los apuntes	*notes*		
asistir a colegio	*to attend school*	la capacitación	*training*
el autobús escolar	*school bus*	el certificado	*certificate*
la ayuda	*help*	la clase	*class, lesson*
el bachillerato	*secondary school qualification*	el comienzo	*start*
		el compañero	*peer, companion*
el bachillerato elemental	*GCSEs*	la conferencia	*lecture*
		la contestación	*answer*
el bachillerato superior	*school-leaving exams, A levels*	contestar	*to answer*
		copiar	*to copy*

Section 4 — Current & Future Study & Employment

el curso	year (at school)	hablar	to speak
el descanso para almorzar	lunch break	hacer un examen	to sit an exam
		hacer una pregunta	to ask a question
el detalle	detail	el intercambio	exchange
el día escolar	school day	el intercambio escolar	school exchange
dibujar	to draw	la lección	lesson
la dificultad	difficulty	mejorar las habilidades	to improve your skills
el diploma	diploma		
discutir	to discuss	la nota	grade
el ejemplo	example	la opción	option
la enseñanza	teaching	optativo	optional
enseñar	to show, to teach	el orientador Also la orientadora	careers adviser
entender	to understand		
escuchar	to listen	la página	page
el estudiante Also la estudiante	student	la palabra	word
		pasar la lista	to call the register
los estudios	studies		
la evaluación	assessment	perder	to lose, to miss
el examen	exam	el periódico del colegio	school newspaper
el examen final	final exam		
el examen oral	speaking exam	preguntar	to ask
los exámenes de ESO	GCSE exams	el progreso	progress
la excursión del colegio	school trip	recordar	to remember, to remind
el éxito	success	el recreo Also la pausa	break (time)
exitoso	successful		
el experimento	experiment	el rendimiento	performance
la explicación	explanation	repasar	to revise
extraescolar	extracurricular	repetir	to repeat
faltar	to be missing	repetir el curso	to resit a year, to stay down a year
flojo	weak		
fracasar	to fail		
el fracaso	failure	repetir un año	to repeat a year
el grupo de arte dramático	drama group	responder	to answer, to reply
		el reportaje	report
el grupo escolar	school group	la respuesta	answer, reply

Section 4 — Current & Future Study & Employment

el resultado	result	el tema	topic, subject
la rutina	routine	tener éxito	to succeed
saber	to know (a fact)	trabajar	to work
sacar buenas notas	to get good grades	el trimestre	term
		las vacaciones de colegio	school holidays
sacar malas notas	to get bad marks		
el semestre	semester	las vacaciones de mitad de trimestre	half-term holidays
sentado	sitting, seated		
suspender	to fail (exam)	las vacaciones del verano	summer holidays
la tarea	task		

Higher only:

ascender	to move up	la lista de clase	class register
el auxiliar de lengua Also la auxiliar de lengua	foreign language assistant	optar	to choose, to opt (for something)
		la pérdida de tiempo	waste of time
el conocimiento	knowledge	la pronunciación	pronunciation
de pie	standing	pronunciar	to pronounce
la docencia	teaching	la redacción	essay
la educación escolar	school education	la reunión de padres	parents' evening
la educación superior Also la enseñanza superior	higher education	subrayar	to underline
		el supervisor Also la supervisora	supervisor
estar cancelado	to be cancelled		
el lector Also la lectora	foreign language assistant	titulado	qualified

Section 4 — Current & Future Study & Employment

School Rules

el acoso escolar	*bullying*	el esfuerzo	*effort*
apropiado	*appropriate*	levantar la mano	*to raise your hand*
ausente	*absent*	la norma	*rule*
callarse	*to be quiet*	obligatorio	*compulsory*
castigar	*to punish*	pedir permiso	*to ask permission*
el castigo	*punishment*	permitir	*to allow*
el chicle	*chewing gum*	poder	*to be able to*
el comportamiento	*behaviour*	la pregunta	*question*
la conducta	*conduct, behaviour*	prestar atención	*to pay attention*
deber	*to have to, must*	la regla	*rule, ruler*
los deberes	*homework*	tener que	*to have to*
desobediente	*disobedient, naughty*	trabajar duro	*to work hard*
		tratar de	*to try to*
entregar	*to hand in, to deliver*	el uniforme	*uniform*

Higher only:

esforzarse	*to make an effort*	hacer un castigo escrito	*to do a written punishment*
estar castigado	*to be punished*	la intimidación	*bullying*
hacer novillos	*to play truant*	riguroso	*strict*

School Subjects

el arte dramático	*drama*	las humanidades	*humanities*
la asignatura	*subject*	la informática	*computing, IT, ICT*
la asignatura obligatoria	*core subject*	el latín	*Latin*
la biología	*biology*	las lenguas extranjeras	*foreign languages*
las ciencias	*science*	las lenguas modernas	*modern languages*
el comercio	*business studies*	las matemáticas	*maths*
el dibujo	*art, drawing*	la materia	*subject*
la economía *Also* las ciencias económicas	*economics*	la química	*chemistry*
la educación física	*PE*	la religión	*RE*
la educación personal, social y sanitaria	*PSHE*	la tecnología de alimentos	*food technology*
los estudios religiosos	*religious studies*	la tecnología de diseño	*design technology*
la física	*physics*	los trabajos manuales	*handicrafts*
el francés	*French*		
la geografía	*geography*		
la historia	*history*		

Higher only:

las empresariales	*business studies*	la física y química	*physics and chemistry*
estudiar Derecho	*to study law*	la sociología	*sociology*
estudiar Medicina	*to study medicine*	la traducción	*translation*

School Types and Buildings

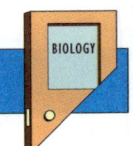

el aula *(f)*	*classroom*	el instituto de formación profesional	*vocational school*
el colegio	*school*	el laboratorio de idiomas	*language lab*
el colegio de enseñanza secundaria	*comprehensive school*	masculino	*masculine*
el colegio privado	*private school*	mixto	*mixed*
el colegio público	*state school*	el parvulario	*nursery school*
el corredor	*corridor*	el preescolar	*kindergarten*
la escuela	*school*	primario	*primary*
la escuela de enseñanza primaria	*primary school*	la sala de profesores	*staff room*
el estado	*state*	el salón de actos	*hall*
la guardería infantil	*nursery school*	secundario	*secondary*
el instituto	*secondary school*		

Higher only:

la academia	*academy*	el internado	*boarding school*
el centro de capacitación	*training centre*		

World of Work

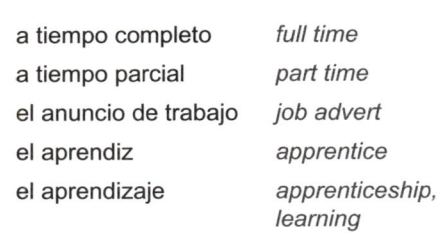

a tiempo completo	*full time*	archivar	*to file*
a tiempo parcial	*part time*	el archivo	*file, archive*
el anuncio de trabajo	*job advert*	bien pagado	*well-paid*
el aprendiz	*apprentice*	calificado	*qualified*
el aprendizaje	*apprenticeship, learning*	el candidato	*candidate, applicant*

Section 4 — Current & Future Study & Employment

la carta	letter
la cita	appointment, engagement
el colega Also la colega	colleague
la compañía	company
con experiencia	experienced
las condiciones de empleo Also las condiciones de trabajo	terms of employment
la construcción	building, construction
contactar	to contact
el contrato	contract
cuidar	to look after
el descanso	rest
el descanso para tomar café	coffee break
despedir	to sack
dirigir	to direct, to manage
el empleado	employee
la empresa	firm, business
la empresaria	businesswoman
el empresario	businessman
el entrenamiento	training
la entrevista de trabajo	job interview
estar en paro	to be unemployed
estresante	stressful
el expediente Also el archivo	file
la experiencia	experience
la experiencia laboral	work experience
la fábrica	factory
la ficha	card, index, file
formal	formal
el formulario	form
el gerente	manager
las horas de trabajo flexibles	flexitime
el jefe Also el patrón	boss
laboral	working
el laboratorio	laboratory
el lenguaje	language
llamar por teléfono	to telephone
mal pagado	badly paid
la mercadotecnia	marketing
el negocio	business
la obra benéfica	charity work
obtener	to obtain
el pago	payment (wages)
planificado	planned
por hora	per hour
la práctica	work experience, practice
la presentación	presentation
presentarse	to apply
la presión	pressure
el proyecto	project
la prueba	test
puesto deseado	situation wanted
rellenar un formulario	to fill in a form
repartir	to deliver
la reunión	meeting, gathering

Section 4 — Current & Future Study & Employment

el salario	*salary*	supervisar	*to supervise*
Also el sueldo		el taller	*workshop*
el sello	*stamp*	el teletrabajo	*work from home*
el servicio	*service*	el trabajo voluntario	*voluntary work*
la sesión	*session, performance*	la venta	*sale*
sin salario	*unpaid*	voluntariamente	*voluntarily*
el sobre	*envelope*	*Also* como voluntario	
solicitar un trabajo	*to apply for a job*	*Also* como voluntaria	
Also solicitar un puesto de trabajo			

Higher only:

el beneficio	*profit, benefit*	la ocupación	*occupation*
la carta de solicitud	*letter of application*	ocuparse de	*to deal with, to look after*
eficaz	*efficient*	el oficio	*profession*
encargado de	*responsible for*	las posibilidades de promoción	*promotion prospects*
encargarse de	*to look after, to deal with*	*Also* las posibilidades de ascenso	
estar en huelga	*to be on strike*	la posición	*position*
la formación profesional	*vocational training*	preguntar en recepción	*to ask at reception*
la impresión	*impression*	la solicitud	*application*
inscribirse	*to enrol*	la vacante	*vacancy*
llevar a cabo	*to carry out, to bring to an end*		

Notas

Notas

Notas

Notas